A educação a distância hoje

Carmem Maia | João Mattar

ABC da EaD

A educação a distância hoje

Respeite o direito autoral

© 2008 by Carmem Maia e João Mattar

Todos os direitos reservados. Nenhuma parte desta publicação poderá ser reproduzida ou transmitida de qualquer modo ou por qualquer outro meio, eletrônico ou mecânico, incluindo fotocópia, gravação ou qualquer outro tipo de sistema de armazenamento e transmissão de informação, sem prévia autorização, por escrito, da Pearson Education do Brasil.

Gerente editorial: Roger Trimer
Editora sênior: Sabrina Cairo
Editora de desenvolvimento: Josie Rogero
Editora de texto: Arlete Sousa
Preparação: Alessandra Miranda de Sá
Revisão: Thaís Totino Richter e Letícia Reis Scarp
Capa: Alexandre Mieda

Projeto gráfico e diagramação: Figurativa Editorial MM

Dados Internacionais de Catalogação na Publicação (CIP)
(Câmara Brasileira do Livro, SP, Brasil)

Maia, Carmem
    ABC da EaD / Carmem Maia e João Mattar . — 1. ed. — São Paulo : Pearson Prentice Hall, 2007.

Bibliografia.
ISBN 978-85-7605-157-2

1. Educação a distância 2. Educação a distância - Brasil 3. Tecnologia educacional I. Mattar, João. II. Título.

07-6700   CDD-371.3

Índice para catálogo sistemático:
1. Educação a distância   371.3

Direitos exclusivos cedidos à
Pearson Education do Brasil Ltda.,
uma empresa do grupo Pearson Education
Avenida Francisco Matarazzo, 1400
Torre Milano – 7o andar
CEP: 05033-070 -São Paulo-SP-Brasil
Telefone 19 3743-2155
pearsonuniversidades@pearson.com

Distribuição
Grupo A Educação
www.grupoa.com.br
Fone: 0800 703 3444

A Julia e Cecilia Maia,
À Regina, ao Rafinha e ao Joãozinho,
sempre presentes, pacientes e insistentes.

Para os inconformados com o atual estágio da EAD e
que esperam mais do que um simples ABC.

Sumário

Agradecimentos xi
Introdução xiii

Capítulo 1
EaD: Conceitos e teorias 1

1.1. **Educação** 1
    1.1.1. Pincelada histórica 1
    1.1.2. Construtivismo e Paulo Freire 4

1.2. **Educação a distância** 5
    1.2.1. Definição 5
    1.2.2. Separação no espaço 6
    1.2.3. Separação no tempo 6
    1.2.4. Planejamento 7
    1.2.5. Tecnologias de comunicação 8
    1.2.6. Autonomia *versus* interação 8
    1.2.7. Público 9

1.3. **Ensino a distância ou educação a distância?** 10
    1.3.1. Presença e importância do corpo 10
    1.3.2. Diferença não significativa 13
    1.3.3. Distância transacional 14
    Notas 19

Capítulo 2
História da EaD   21

- 2.1. Primeira geração: cursos por correspondência 21
- 2.2. Segunda geração: novas mídias e universidades abertas 22
- 2.3. Terceira geração: EaD on-line 22
- 2.4. EaD hoje 23
- 2.5. História da EaD no Brasil 23
- 2.6. EaD no ensino superior brasileiro: EaD.br 27
- Notas 38

Capítulo 3
Modelos de EaD   41

- 3.1. Educação fundamental básica 41
- 3.2. Ensino superior 42
- 3.3. Universidades abertas 42
- 3.4. Universidades virtuais 45
- 3.5. Fordismo, neofordismo e pós-fordismo 46
- 3.6. Universidade corporativa 48
- 3.7. Fornecedores de EaD 49
- 3.8. Treinamento governamental 50
- 3.9. Outros exemplos 50
- 3.10. Design instrucional 51
- 3.11. Atividades em EaD 53
- 3.12. O conceito de turma em EaD 58
- 3.13. Lista de cursos on-line 61
- Notas 65

Capítulo 4
Ferramentas, ambientes e tecnologia   67

    4.1.   Retrospectiva das tecnologias aplicadas à educação no Brasil e reflexões pedagógicas 67

    4.2.   Caixa de ferramentas 72

    4.3.   Second Life 80

    4.4.   O mix correto 81

           Notas 82

Capítulo 5
Novos papéis para o aluno, o professor e a instituição   83

    5.1.   Aluno 83

           5.1.1.   O aluno universal 83

           5.1.2.   O aprendiz virtual 83

           5.1.3.   Aprender a aprender 84

           5.1.4.   Perfil e papel do aprendiz virtual de sucesso 84

           5.1.5.   Auto... 85

           5.1.6.   Trabalhar em grupo 87

           5.1.7.   Gerenciamento do tempo 88

    5.2.   Professor 89

    5.3.   Instituição 93

           Notas 100

Capítulo 6
Direitos autorais em EaD   103

    6.1.   Propriedade intelectual 104

6.1.1. Segredos de negócios 104
6.1.2. Marcas e patentes 104
6.1.3. Direitos autorais 105
6.1.4. Problemas 108
6.1.5. Google 109
6.1.6. Legislação 109
6.1.7. Antipirataria 111
6.1.8. Creative Commons 112
6.1.9. Internet e fim do copyright 112
6.2. **EaD** **113**
6.2.1. Professores e produção de conteúdo 113
6.2.2. Material dos alunos 114
6.2.3. Plágios 115
6.3. **Uso educacional** **115**
Notas 118

Capítulo 7
O futuro da educação a distância   119

Notas 123

Bibliografia selecionada e comentada 125
Índice remissivo 131
Sobre os autores 141

# Agradecimentos

À acolhida da editora Pearson, particularmente seu editor Roger Trimer, além do trabalho eficiente e incessante de Arlete Sousa, Josie Rogero e os demais membros da equipe.

A João Vianney, Laercio Sant'Anna, Paula Caleffi, Ronaldo Motta, Susane Garrido e Wilson Azevedo, que gentilmente aceitaram nosso convite para enriquecer o livro com seus valiosos depoimentos.

A Wanderlucy Czeszak e Carlos Valente, que participaram ativamente com idéias e sugestões preciosas para este trabalho.

Às novas tecnologias que nos permitiram, a distância, planejar, escrever, editar e discutir o livro, estando cada um em uma ponta do planeta.

Introdução

O crescimento do mercado de educação a distância (EaD) é explosivo no Brasil e no mundo. Dados estão disponíveis por toda parte: cresce exponencialmente o número de instituições que oferecem algum tipo de curso a distância, o número de cursos e disciplinas ofertados, de alunos matriculados, de professores que desenvolvem conteúdo e passam a ministrar aulas a distância, de empresas fornecedoras de serviços e insumos para o mercado, de artigos e publicações sobre EaD, crescem as tecnologias disponíveis, e assim por diante.

Talvez nenhuma novidade tenha produzido um impacto tão intenso na história da educação quanto o desenvolvimento da educação a distância, especialmente da educação on-line, nos últimos anos.

Em conseqüência disso, cada vez mais pessoas passam a participar desse mercado, nas mais diversas funções: professores, alunos, produtores de conteúdo, web designers, pedagogos, administradores etc., muitas vezes desempenhando diferentes papéis simultaneamente.

No entanto, apesar da incrível velocidade com que esse mercado vem se expandindo, os recursos humanos para atuar no novo paradigma não se desenvolveram com a mesma agilidade. Muito pelo contrário. Ainda não existe uma formação, ou melhor, um completo entendimento desses *players* (alunos, gestores, autores, tutores, conteudistas, professores e instituições) sobre os papéis que cada um desempenha, seus direitos, deveres e suas responsabilidades no novo processo. Estamos, por enquanto, engatinhando. Professores, autores e tutores acabam se confundindo e não sendo apropriadamente preparados para desempenhar sua nova função pedagógica; alunos desconhecem o novo papel, pois não foram acostumados a ser participantes ativos no processo de educação a distância, sem conseguir dar uma resposta efetiva quando são exigidos disciplina e autogerenciamento de sua aprendizagem; produtores de conteúdo estão, ainda, mais preocupados com o assunto do que com a aprendizagem e o design instrucional, que permite a compreensão dos conteúdos didáticos; pedagogos não dão conta de acompanhar os recursos tecnológicos existentes; e os tecnólogos fazem questão de abominar a pedagogia, andragogia e heutagogia, de que sequer ouviram falar.

Muitos autores, os grandes ícones da EaD contemporânea, têm apontado que a falta do estudo teórico prejudica o desenvolvimento da educação a distância. Não se faz educação sem pedagogia (a teoria da educação), não existe aprendizagem sem metodologia, portanto, também não é possível fazer EaD sem teoria. Muito investimento tem sido feito pelas instituições em EaD nesse sentido, mas tem efetivamente ocorrido aprendizagem a distância? Como? As decisões em EaD não podem ser tomadas simplesmente na base da metodologia da tentativa-e-erro — é necessária uma base teórica sobre a qual se fundamentem as decisões sociais, políticas, financeiras e didáticas relacionadas à educação a distância. É necessário, portanto, pensar em uma didática ou pedagogia desse tipo de educação que aborde temas como a independência e a autonomia dos alunos, a massificação do ensino, a interação de alunos e professores, a comunicação a distância e mediada por computadores etc. Este não é propriamente um livro teórico, mas trataremos de todos esses temas.

A falta de consideração, de reflexão e de interesse por uma teoria da educação a distância é, provavelmente, responsável pela sensação de falta de identidade do setor e, até mesmo, de uma sensação de estar à margem, de ser um primo pobre da educação, um estepe. Fato que tem levado também a uma série de experiências malsucedidas, a cursos e diplomas de qualidade duvidosa e ao preconceito, que ainda é muito forte, de que a EaD não é séria, de que com EaD não conseguimos formar bons profissionais;[1] ou de que o curso a distância é mais fácil que o curso presencial tradicional, mito que, como muitos outros, é facilmente desmistificado.

Neste livro, além de registrarmos um pouco da vivência e experiência pessoal e profissional de cada um dos autores, procuramos servir de porta de entrada aos novatos no ramo. É importante deixar claro que não temos a pretensão de criar ou reinventar a roda, ou fundar uma teoria de EaD. Os textos, curtos e acessíveis, buscam criar um sentido, organizar o conturbado volume de histórias, casos, tecnologias, ambientes, papéis e fundamentos relacionados ao tema. Nesse sentido, no decorrer dos capítulos sugerimos leituras de teóricos e acadêmicos ligados à área que desenvolvem com mais profundidade diversos conceitos citados e que, sem dúvida, são fundamentais para quem quiser se aprofundar em EaD.

Para os mais experientes, a obra apresenta também sua utilidade, uma vez que serve como esforço de mapeamento e de revisão. A EaD, ou, especificamente, a educação on-line, por estar diretamente vinculada ao progresso das tecnologias da comunicação e da informação, muda com muita velocidade, gerando assim a necessidade constante de atualização por parte daqueles que já a praticam — sujeitos que, diga-se, muitas vezes entraram na EaD por alguma casualidade, desenvolvem seu trabalho há bastante tempo, mas não tiveram a oportunidade de ser devidamente capacitados, nem de refletir sobre sua prática e, muito menos, de transformar ou inovar em termos de didática e metodologia de ensino superior. Esperamos que a leitura deste livro possa servir a tais propósitos.

Aqui se encontra, portanto, um guia. Não pretende ser muito acadêmico, embora também não seja um livro de receitas: não queremos que lhe seja aborrecido lê-lo, muito menos desejamos ditar regras, mas achamos importante dar o bê-á-bá — com a função de alfabetizar — de um verdadeiro letramento no universo da EaD. Por isso *ABC da EaD*. Não é uma 'EaD de A a Z', pois não pretende ser exaustivo nem abranger tudo o

---

[1] A famosa expressão "the no significant difference phenomenon", cunhada por Thomas L. Russell, defende que não há diferença significativa entre o aprendizado presencial e o aprendizado a distância. Disponível em: <http://www.nosignificantdifference.org/>. Acesso em: 31 maio 2007.

que se relaciona a esse campo, até porque não conseguiríamos tal proeza. Nosso objetivo é que este livro abra horizontes, aponte direções, indique leituras e seja suficiente para colocá-lo, de uma vez por todas, e com segurança, no universo da educação a distância. Ao final da leitura, gostaríamos que o leitor se sentisse confortável, seguro e orgulhoso de trabalhar com EaD, ou mesmo desejoso de trabalhar com ela, e fosse, além disso, capaz de ajudar a acabar com alguns preconceitos que, certamente, ainda existem a respeito do tema. Gostaríamos que o leitor se inteirasse, em uma relação interativa com os autores, a respeito da EaD: esta é a nossa proposta.

Direcionamos o conteúdo desta obra a professores curiosos, interessados em aprofundar conhecimentos sobre educação a distância, educação on-line, novas tecnologias para educação, novos papéis de professores e alunos e novas oportunidades e alternativas de aprendizagem. Entretanto, não pensamos apenas nisso. Consideramos que profissionais que desenvolvem projetos e administram cursos de EaD também podem se beneficiar da leitura destes textos, pois terão de tomar decisões para as quais vários dos pontos discutidos serão extremamente úteis.

Os alunos virtuais vão encontrar aqui também, sem dúvida, material e motivação para compreender melhor o que estão fazendo e como podem aperfeiçoar seu estudo. Aqueles alunos que (ainda) não tiveram experiências com educação a distância poderão deparar aqui com uma iniciação para um tipo de estudo ao qual serão logo introduzidos.

Todo aquele que se interessa por tecnologia ou por educação e, em especial, pela aplicação das tecnologias à educação encontrará nestes textos uma oportunidade de leitura agradável, diferenciada e proveitosa, do ponto de vista de quem faz, já fez e ainda acredita que é possível fazer EaD de qualidade, criativa e inovadora.

Por fim, os que trabalham com o desenvolvimento e marketing de cursos on-line, empresários e o setor corporativo em geral, de modo específico nos casos de treinamento on-line, encontrarão nas páginas a seguir uma leitura essencial a suas atividades. A EaD alcançou um progresso muito rápido e intenso fora das escolas, faculdades e universidades, ou seja, no ambiente corporativo.

Um dos primeiros problemas que o praticante de EaD encontra é o de haver diferentes definições para o termo *educação a distância*, na maioria das vezes conflitantes. Quais são elas? No primeiro capítulo, trataremos do significado da sigla EaD, procurando desfazer algumas confusões conceituais comuns e desmistificar um pouco a educação a distância. Quais são os principais preconceitos ainda existentes em relação à EaD? É possível efetivamente educar um ser humano a distância? O que significa "distância" em EaD? Afinal de contas, o que é, e o que não é, educação a distância?

Uma boa estratégia para desfazer problemas conceituais é apelar para a História. No segundo capítulo, portanto, traçaremos uma breve história da EaD. Quando efetivamente começa a EaD? Com a escrita? Com a imprensa? Com o rádio e a televisão? Com a Internet? Além disso, em que a história da EaD no Brasil difere da do restante do mundo? Como a EaD penetrou no ensino superior e nas empresas? Qual foi o progresso da legislação em relação à EaD? Qual é o estado-da-arte?

Hoje em dia a sigla EaD tem aplicações muito variadas. No terceiro capítulo, po[r] tanto, analisaremos quais são os diferentes modelos de educação a distância em prátic[a] atualmente. Muitos conceitos, talvez novos para algumas pessoas, serão abordados ne[s]se capítulo. O que significa design instrucional? O que é uma universidade virtual? [E] uma universidade aberta? O conceito de turma tem sentido em EaD? Que tipos de curso[s] são oferecidos on-line? Quais atividades são em geral exigidas em cursos a distância?

O quarto capítulo vai abordar o importante tema das tecnologias. Quais são os am[bientes e as ferramentas mais utilizadas em EaD? Quais softwares são utilizados para [a] produção de conteúdo? Esse capítulo aborda o tema das tecnologias de maneira muit[o] especial, colocando os ambientes, LMS (Learning Management Systems) e os recurso[s] existentes em seu devido lugar, ou seja, apresentando para que servem e como utiliz[á]-los em sua potencialidade, em favor de nossa inteligência, e não contra ela.

É quase consenso que os papéis, tanto do aluno quanto do professor, modificam-se sensivelmente com a EaD em relação à educação tradicional e presencial. Qual é [o] novo papel do professor em EaD? E do aluno virtual? No caso das instituições, com[o] elas precisam se remodelar para não ficar de fora da revolução que tem sido causada e[m] educação pela EaD? Esses serão os temas do quinto capítulo.

O sexto capítulo abordará um tema de extrema relevância, mas muitas vezes negl[i]genciado quando se fala de EaD: propriedade intelectual e direitos autorais. Podemo[s] copiar e colar tudo? Quais são os limites? De quem é a propriedade intelectual no cas[o] de trabalhos produzidos em grupo? Como os alunos e professores podem se preven[ir] contra processos por infração de direitos autorais quando usam materiais eletrônicos [e,] principalmente, a Internet?

Finalmente, o sétimo capítulo, na verdade uma breve conclusão, procura discut[ir] os cenários mais prováveis para o futuro da educação e, particularmente, da EaD. Novos conceitos aparecerão mais uma vez por aqui. O que significam *open learning, distributed learning, blended learning* e *work-based learning*? E agora? Para ond[e] caminhamos? Qual é o futuro da educação e do ensino superior?

O livro está permeado de estudos de caso e depoimentos que ilustram os conceito[s] estudados e exemplificam o que tem sido feito em EaD em nosso país, além de colocá-l[o] em contato direto com algum profissional de destaque em EaD.

A obra se encerra com uma bibliografia comentada. Foram selecionados e listados livro[s,] sites e periódicos científicos que sugerimos como leitura, seguidos de breves comentários.

Material de apoio do livro

O site de apoio do livro (www.grupoa.com.br) oferece material adicional tanto par[a] professores quanto para alunos e pretende servir de apoio e complemento aos assunto[s] abordados. O material exclusivo para professores pode ser acessado por meio de um[a] senha — para obtê-la os professores devem entrar em contato com um representant[e] Grupo A ou enviar um *e-mail* para distribuicao@grupoa.com.br.

1 · EaD: Conceitos e teorias

O que significa EaD?

Essa pergunta será, na verdade, respondida ao longo de todo este livro, e não apenas neste capítulo. Mas aqui, como proposta inicial, pretendemos abordá-la mais diretamente.

A sigla EaD envolve duas palavras: 'educação' e 'distância'. Então, uma primeira pergunta, mais ampla, poderia ser: o que significa 'educação'?

1.1. Educação

Responder sobre o que trata o termo 'educação' seria algo filosófico, que mereceria uma coleção de livros como tentativa de resposta. Vejamos rapidamente algumas etapas no desenvolvimento da educação ocidental, até chegarmos ao que entendemos hoje por educação.

1.1.1. Pincelada histórica

Na Grécia Antiga, surge um modelo de cultura e educação que marcará o Ocidente. A *paidéia*, o ideal de educação grego, incluía a formação integral do ser humano, com a *gymnastiké* (educação do corpo, por meio da educação física e atlética) e a *mousiké* (educação da mente ou do espírito, por meio das musas, incluindo a música e a poesia).

A educação grega está intimamente associada à filosofia. Os sofistas eram professores itinerantes e remunerados que educavam os gregos, principalmente na arte da dialética e nas questões de política. Platão, discípulo de Sócrates, funda por volta de 387 a.C. sua célebre Academia. Na *República*, Platão expõe seu ideal de educação, centrado no exercício da filosofia. Por volta de 335 a.C., Aristóteles, discípulo de Platão na Academia, funda sua própria escola, o Liceu.

A educação elementar em Roma era geralmente realizada em casa, pelos pais ou por um tutor, que ensinavam a criança (em geral a partir dos sete anos) a ler, escrever e calcular. Havia também, para quem preferisse, escolas primárias. A educação das meninas terminava aqui; se um menino fosse destinado para algum tipo de educação adicional, ele seria enviado, por volta dos 12 anos, para estudar literatura e gramática latina com um gramático, a partir dos 15 anos com um retórico, e posteriormente com um filósofo.

Os mosteiros, muito importantes para a preservação da ciência e da cultura antigas, surgem por volta do século IV. A partir do século IX, o ensino clássico medieval passa a se fundamentar nas sete artes liberais: o *trivium* (gramática, retórica e dialética) e o *quadrivium* (geometria, aritmética, astronomia e música). A formação e o desenvolvimento das bibliotecas também merecem destaque na Idade Média, exercendo influência decisiva na história da educação.

Maior estabilidade política garantiu ao Império Romano do Oriente (ou Bizantino, cuja capital era Constantinopla) a continuidade da tradição romana na educação, além da continuidade lingüística por meio do latim. Não houve no Oriente, como no Ocidente, o predomínio do ensino religioso, mas sim do estudo dos clássicos, e por isso o Oriente garantiu a transição do conhecimento dos gregos e romanos para a civilização ocidental moderna.

Com a urbanização e o desenvolvimento do comércio, a partir dos séculos XII e XIII, as escolas medievais antigas, monásticas e rurais são substituídas pelas escolas urbanas, entre elas grande variedade de escolas públicas, que ampliam os horizontes da educação medieval com o ensino dos clássicos latinos (e clássicos gregos disponíveis em antigas traduções latinas), na tentativa de aplicar o intelecto e a razão a muitas áreas da atividade humana. São essas escolas urbanas que darão origem às universidades.

No final do século XVI, entretanto, o ensino não se encontra restrito às faculdades. A educação se fazia também em casa por meio da família, com o *patron* (que aprendia de quem patrocinava), e nas academias (instituições privadas voltadas basicamente para o ensino literário e filosófico). Surgem ainda os colégios, voltados especificamente para a educação (inclusive moral) das crianças, com um regime de estudo rigoroso, centrado no *trivium* e no *quadrivium*, e com ênfase no estudo do latim. Os jesuítas, por sua vez, passam a desenvolver um projeto pedagógico que desempenhará papel essencial na colonização brasileira.

No século XVII surgem as academias científicas e desenvolve-se a educação pública primária, principalmente na França e na Alemanha. No século XVIII, a filosofia educacional é marcada pelo pensamento iluminista, e a educação começa a se afastar mais da religião, passando o Estado a ser concebido como o responsável pela oferta de ensino obrigatório e gratuito. Destaca-se o filósofo e escritor Jean-Jacques Rousseau, autor de *Emílio*, que descreve em forma de romance a educação de um jovem, propondo algo afastado das convenções sociais, ressaltando a importância da sensibilidade e das emoções, sendo mais voltado para a natureza. A essa altura, o ensino humanístico tradicional está em substituição por um ensino mais prático.

No século XIX convivem várias correntes pedagógicas. O positivismo enfatiza o ensino das ciências; o idealismo destaca a importância da educação para o desenvolvimento espiritual do ser humano e do Estado no processo educacional da nação; o socialismo, por sua vez, desenvolve a concepção de uma educação revolucionária, voltada para a conscientização da classe oprimida e a transformação do mundo, defendendo também a democratização do ensino. Destacam-se ainda alguns pedagogos como Johann Heinrich Pestalozzi (1746–1827), que defende a formação universal do ser humano e a escola popular; Friedrich Fröebel (1782–1852), considerado o fundador dos jardins-de-infância; e Johann Friedrich Herbart (1776–1841), que desenvolve um sistema pedagógico com maior rigor científico, cujo nome pela primeira vez poderá ser "ciência da educação". A escola pública, leiga, gratuita e obrigatória também se desenvolve no século XIX, especificamente na França, na Inglaterra, na Alemanha e nos Estados Unidos.

No século XX, diversos campos do saber passam a influenciar a pedagogia: a psicologia (por exemplo, com o behaviorismo, com destaque para Skinner, e a Gestalt), a filosofia (com o pragmatismo, principalmente por meio de John Dewey — 1859–1952), a sociologia, a economia, a lingüística e a antropologia, entre outros.

O movimento escolanovista, que tem em Pestalozzi e Dewey importantes precursores, procura superar a rigidez dos métodos tradicionais, fundados basicamente na memorização, por meio de propostas mais práticas e individualizadas que envolvam a autonomia e a atividade do aluno (ao contrário da postura passiva da escola tradicional), bem como uma formação integral do ser humano. O método Montessori, desenvolvido pela médica italiana Maria Montessori (1870–1952), compreende a educação como autodeterminada pelo aluno, que pode utilizar o material didático na ordem que escolher, sendo o professor concebido apenas como um dirigente e facilitador de suas atividades — características, como veremos, marcantes da EaD.

Devemos destacar também os esforços para uma educação democrática e popular nos países socialistas. Ainda ganham destaque as teorias e a experiência de educação anarquistas, que reforçam a importância da auto-organização e das relações entre as pessoas no processo de crescimento. Como seu contraponto, é preciso registrar as experiências educacionais relacionadas ao fascismo e ao nazismo, que enfatizaram o autoritarismo e a hierarquia.

Nos Estados Unidos, por volta da metade do século XX, surge uma tendência educacional tecnicista, centrada no planejamento, na organização, na direção e no controle das atividades pedagógicas, que incentiva a utilização de diversas técnicas e instrumentos de aprendizagem, entre eles recursos audiovisuais e computadores. Essa tendência é marcante na EaD, como teremos oportunidade de analisar.

Movimento ainda hoje importante, especialmente para a EaD, é o construtivismo, que se liga às obras de Jean Piaget (1896–1980) e de Lev Semenovich Vygotsky (1896–1934). O construtivismo concebe o conhecimento como um processo contínuo de *construção*, invenção e descoberta por parte do aluno, ressaltando a importância de sua interação com os objetos e os outros seres humanos.

O século XXI inicia-se sob o signo da transição na educação. A importância cada vez maior das tecnologias e das ciências; a substituição dos livros por outras formas de transmissão de conteúdos (como a informação digitalizada, as imagens e os sons etc.); o desenvolvimento das linguagens de computador e da própria informática; enfim, todas as conseqüências da revolução da informação exigem alterações profundas nos processos educacionais e nas teorias pedagógicas. E a educação a distância, nesse sentido, tem ditado as regras para a educação do futuro.

1.1.2. Construtivismo e Paulo Freire

O conceito de educação pode ser desmembrado nas idéias de ensino e aprendizagem. A educação se realizaria quando um projeto de ensino gerasse aprendizagem: sem aprendizagem, o projeto teria fracassado; sem projeto, haveria aprendizado espontâneo, que não é o que nos interessa aqui, apesar de que, como veremos, esse aprendizado, sem um projeto predefinido, que se dá no dia-a-dia e no trabalho, tem sido cada vez mais valorizado por instituições dedicadas à educação a distância.

O construtivismo, que defende a importância da construção do conhecimento por meio da interação dos seres humanos, é talvez a corrente que mais domine a teoria da educação contemporânea. Entretanto, teorias behavioristas acabaram também encontrando morada fértil em programas de EaD, principalmente em função do uso da tecnologia. Assim, a tensão entre teorias construtivistas e behavioristas marca, para muitos, o universo atual da EaD, e teremos a oportunidade de analisar essa dicotomia em vários momentos deste texto. Alguns projetos de EaD defendem maior autonomia para o estudo independente do aluno, outros defendem a necessidade do diálogo e da interação com os demais alunos e os tutores. Segundo a nossa análise, temos aqui uma falsa dicotomia, que procuraremos desmistificar neste capítulo e no restante do livro.

Em seu clássico *Pedagogia do oprimido*, Paulo Freire define uma concepção 'bancária' da educação. A educação bancária implica a memorização mecânica de conteúdos, transformando os educandos em 'vasilhas', recipientes que deveriam ser 'enchidos' pelo educador: "Quanto mais vá 'enchendo' os recipientes com seus 'depósitos', tanto melhor educador será. Quanto mais se deixem docilmente 'encher', tanto melhores educandos serão."[1]

A educação, assim, torna-se um ato de depositar, de narrar, transferir e transmitir conhecimentos. Um modelo que, infelizmente, caiu como uma luva em muitos projetos de EaD. Os educandos devem receber, repetir, memorizar, guardar e arquivar conteúdos. Talvez venha daí a expressão 'repositório de conteúdos'.

A essa concepção bancária de educação, antidialógica por natureza, Freire contrapõe a educação humanista e problematizadora, que pressupõe o diálogo. Ou seja, a interação é necessária para que se concretizem a educação e a aprendizagem, inclusive em EaD, se queremos pensar a EaD como uma modalidade de educação. Educação a distância não pode significar educação... a distância... a anos-luz de distância. Daí por que a teoria da *distância transacional*, de Michael Moore, é importante em EaD, como veremos: apesar da distância física, é possível administrar a distância da transação com projetos pedagógicos efetivamente interessados na aprendizagem, e não apenas em ganhar dinheiro. Em EaD, o educando não precisa estar distante, pedagogicamente, de seus educadores, nem de seus colegas, muito menos do mundo que contextualiza seu aprendizado.

A educação dialógica pressupõe que os homens se educam em comunhão, mediatizados pelo mundo. Segundo Paulo Freire, é justamente por meio do diálogo que o educador problematizador 're-faz' constantemente seu ato cognoscente na cognoscibilidade dos educandos: "Na medida em que o educador apresenta aos educandos, como objeto de sua 'ad-miração', o conteúdo, qualquer que ele seja, do estudo a ser feito, 're-admira' a 'ad-miração' que antes fez, na 'ad-miração' que fazem os educandos." (Freire, 1982:80)

'Ad-mirar' implica paixão, amor pelo objeto de estudo. Um tutor que é obrigado a 'educar' com conteúdos e atividades pré-programadas certamente não será capaz de 'admirar' o objeto de estudo que deve 'transmitir' a seus educandos. Aquele é um recorte do mundo artificial, do qual ele não compartilha, que ele não enxerga, então não consegue 'ad-mirar'. Portanto, o circuito não se completa, porque não há 'ad-miração' dos educandos, tampouco 're-ad-miração' da parte do tutor.

E Freire continua, sempre com bonitas imagens, como as de imersão e emersão:

> Assim é que, enquanto a prática bancária, como enfatizamos, implica uma espécie de anestesia, inibindo o poder criador dos educandos, a educação problematizadora, de caráter autenticamente reflexivo, implica um constante ato de desvelamento da realidade. A primeira pretende manter a imersão; a segunda, pelo contrário, busca a emersão das consciências, de que resulte a inserção crítica na realidade. (Freire, 1982:80)

O diálogo, segundo Freire, pressupõe o amor ao outro. Sem diálogo não há comunhão; sem comunhão, não há educação. Educar (e ser educado) é um ato de 'co-laborar': trabalhar em conjunto. Por isso, enquanto a educação bancária está associada à idéia de um programa, a educação problematizadora está associada à idéia do diálogo. Como costuma dizer o professor Wilson Azevedo, em relação ao modelo de EaD em que ele acredita, o texto torna-se apenas um pretexto para motivar o diálogo. Por outro lado, os modelos que não prezam o diálogo precisam insistir na estrutura: reforço dos níveis hierárquicos e da centralização das decisões, conteúdo pré-programado, atividades pré-programadas, predomínio de atividades individuais em relação às interativas, a decretação da falta de sentido para o conceito de 'turma' etc.

A concepção construtivista de educação de Paulo Freire, como vimos, serve muito bem para a reflexão sobre o significado da educação a distância.

1.2. Educação a distância

1.2.1. Definição

Em primeiro lugar, é importante notar que a EaD acabou recebendo denominações diversas em diferentes países, como estudo ou educação por correspondência (Reino Unido); estudo em casa e estudo independente (Estados Unidos); estudos externos (Austrália); telensino ou ensino a distância (França); estudo ou ensino a distância (Alemanha); educação a distância (Espanha); teleducação (Portugal) etc.

Diferentes definições são também dadas para a educação a distância, mas alguns pontos são comuns a praticamente todas elas. Portanto, proporemos uma definição neste livro:

> A EaD é uma modalidade de educação em que professores e alunos estão separados, planejada por instituições e que utiliza diversas tecnologias de comunicação.

Exploremos os diversos pontos incluídos nessa definição.

1.2.2. Separação no espaço

Em geral, a sigla EaD é aplicada a atividades de ensino e aprendizagem em que aluno e professor estão separados fisicamente, o que as distinguem, por exemplo, do ensino presencial. Em EaD ocorre uma separação geográfica e espacial entre o aluno e o professor, e mesmo entre os próprios alunos, ou seja, eles não estão presentes no mesmo lugar, como no caso do ensino tradicional. A EaD prescinde, portanto, da presença física em um local para que ocorra educação.

A filosofia que fundamenta essas propostas de ensino é simples: o aprendizado não deve ocorrer apenas na sala de aula. Aliás, na sociedade da informação e do conhecimento, a sala de aula tradicional (baseada ainda em um modelo de sociedade industrial e ensino em série) pode ser vista como o local menos propício para a educação.

Em muitos casos, a EaD é mesclada com encontros presenciais; quando os encontros presenciais são constantes, costuma-se chamar esse modelo de educação semipresencial.

1.2.3. Separação no tempo

Além da separação física, costuma-se também associar a EaD à separação temporal entre alunos e professores. Existem algumas atividades síncronas em EaD, ou seja, em que professores e alunos precisam estar conectados na mesma hora, como chats, videoconferências interativas e, mais recentemente, plataformas virtuais como o Second Life. Mas, na maior parte dos casos, as atividades em EaD são assíncronas, ou seja, professores e alunos estão separados no tempo.

O estudo a distância implica, portanto, não apenas a distância física, mas também a possibilidade da comunicação diferida, na qual o aprendizado se dá sem que, no mesmo instante, os personagens envolvidos estejam participando das atividades, ao contrário do que ocorre normalmente no ensino tradicional e presencial.

Cabe aqui, entretanto, uma breve reflexão sobre os significados das expressões 'tempo real' e 'tempo virtual'.[2]

Como convenção, não há dúvida de que o tempo existe. Entretanto, a percepção com relação ao tempo varia intensamente, de cultura para cultura. Além disso, historicamente, o homem altera dramaticamente sua relação com a convenção temporal.

Como recurso para medir a aprendizagem, o tempo é também uma convenção, uma idéia enraizada em nossa cultura. Essa convenção pedagógica mede a aprendizagem em função do movimento do relógio.

Sabemos que a tecnologia gerou maior velocidade em várias atividades, inclusive no ensino e na aprendizagem. Contudo, continuamos a medir a aprendizagem, mesmo a virtual, em horas. Muitos projetos de EaD baseiam-se no mesmo conceito de tempo que utilizamos para as atividades presenciais, que envolvem o modelo dos cursos e das disciplinas, os currículos, a idéia da hora-aula, a avaliação etc. O tempo curricular é um paradigma confortável que, na verdade, a EaD emprestou do ensino presencial sem as devidas adaptações.

O tempo virtual, entretanto, ao contrário do tempo real, que mede as aulas presenciais, pode ser controlado pelo aluno em EaD. O tempo virtual difere sensivelmente do tempo real (assim como o tempo real é distinto do tempo do inconsciente, por exemplo). Logo, seria necessário respeitar a especificidade do tempo virtual em EaD em vários sentidos. Na superação da idéia das horas-aula, por exemplo. Também no uso dos recursos de tempo diferido, da comunicação assíncrona; porque insistir em atividades síncronas significa insistir no tempo presencial, em que todos precisam estar presentes nos mesmo horário, enquanto a EaD possibilita a comunicação diferida. E também no respeito ao tempo de aprendizado de cada aluno, pois os seres humanos progridem em ritmos próprios e, muitas vezes, bastante diferentes uns dos outros no processo de aprendizagem. Por fim, ainda, no respeito ao uso do tempo diferenciado por parte dos alunos: estudar mais em alguns momentos, menos em outros. E assim por diante.

Portanto, a EaD possibilita a manipulação do espaço e do tempo em favor da educação. O aluno estuda onde e quando quiser e puder. Pode, por exemplo, passar algumas semanas sem se dedicar muito aos estudos, por diversos motivos, e durante uma ou duas semanas, então, dedicar-se com mais energia. Ou seja, o aluno se autoprograma para estudar, de acordo com o seu tempo e a sua disponibilidade.

1.2.4. Planejamento

Ao contrário do auto-estudo espontâneo e individual, e de aulas particulares, a EaD é uma modalidade de ensino e aprendizagem que precisa ter o apoio de — e ser planejada por — uma instituição de ensino. No caso de ensino superior, no Brasil, é preciso que a instituição seja credenciada pelo MEC para oferecer os cursos, mas existem outras iniciativas de oferta de EaD, como as universidades virtuais (a universidade aberta do Brasil é um exemplo disso, ou mesmo o Instituto Universidade Virtual Brasileira — UVB), e também por empresas, as universidades corporativas, que descobriram no e-learning uma eficiente forma de capacitar seus funcionários, reduzindo as despesas de locomoção. Nesse sentido, a EaD é um modo industrializado de ensinar e aprender.

Esse planejamento deve incluir, também, o acompanhamento e a supervisão da aprendizagem por professores tutores, apesar de muitas instituições acreditarem que a simples produção de um bom conteúdo seja a sua única função educacional.

1.2.5. Tecnologias de comunicação

Para superar a distância entre alunos e professores, no tempo e no espaço, a EaD utiliza-se de diversas ferramentas de comunicação. A relação entre alunos e professores, portanto, passa a ser mediada pela tecnologia.

Os projetos de EaD apostam nas mídias que vão além do giz, do quadro-negro e da própria apostila impressa para efetivar a aprendizagem. Com isso, podem-se desenvolver projetos de EaD com vários suportes, por exemplo telefone, rádio, áudio, vídeo, CD, televisão, e-mail, tecnologias de telecomunicações interativas, grupos de discussão na Internet etc. O que mudou com as novas mídias é que alunos e professores têm a possibilidade de interação, e não apenas de recepção de conteúdos. Além disso, o aluno e o professor on-line aprendem a trabalhar com essas ferramentas, o que se constitui em uma vantagem competitiva no mercado de trabalho atual.

Mais recentemente, a EaD passou a utilizar intensamente tecnologias de telecomunicação e transmissão de dados, sons e imagens que convergem para o computador e a Internet. Hoje, são bastante utilizadas em EaD mídias eletrônicas e principalmente a Internet, mas isso não faz necessariamente parte da definição do conceito mais amplo de EaD; pode ocorrer educação a distância, por exemplo, com material impresso enviado pelo correio. Portanto, é importante distinguir a EaD, que pode envolver qualquer tipo de tecnologia de comunicação para mediar a relação entre alunos, professores, conteúdo e instituições, da EaD on-line (uma de suas divisões), que é também denominada *e-learning*, *on-line learning*, *virtual learning*, *networked learning* ou *web-based learning*.

1.2.6. Autonomia *versus* interação

Antes do surgimento das tecnologias interativas, como a Internet, a idéia da autonomia do aluno talvez tenha sido a marca mais exata da EaD. Com a educação a distância, o aluno torna-se independente, sem ficar limitado pelas restrições de tempo e espaço características da educação presencial. A EaD mostrou que é possível aprender sozinho, sem a necessidade de um grupo, tanto que Desmond Keegan, em seu importante *Foundations of distance education*,[3] considera a separação do aluno em relação ao grupo de aprendizagem parte da própria definição de educação a distância. O estudo independente e o aprendizado privado, desenvolvidos pela EaD, desafiariam a necessidade de interação em educação.

É importante, de qualquer maneira, lembrar que mesmo na leitura de um texto ocorre interação entre o leitor e o texto e entre o leitor e o próprio autor do texto. O alemão Börje Holmberg, um dos pioneiros da teoria da EaD, desenvolveu a noção de ensino como uma conversa didática guiada (*guided didactic conversation*), e materiais para educação a distância são produzidos em geral com esse propósito, de reproduzir uma conversa entre um guia e o leitor. Além do quê, mesmo antes do desenvolvimento das tecnologias interativas, o aluno e o professor interagiam, ainda que demoradamente, pelo correio, por exemplo, e mesmo os alunos podiam interagir entre si e com tutores, esporadicamente, em centros de apoio e estudos. De qualquer maneira, a idéia da autonomia e independência do aluno era parte integrante do conceito de EaD, enquanto a idéia de interação não, mesmo porque não havia tecnologia capaz de reproduzir, a distância, a riqueza da interação em sala de aula.

Com o desenvolvimento das tecnologias interativas, entretanto, esse cenário mudou radicalmente. É possível agora ensinar 'face a face a distância', como afirma o próprio Keegan, uma vez que a tecnologia permite reconstruir virtualmente a interação e a intersubjetividade que ocorrem na educação tradicional e presencial, e que muitos consideram essenciais. Mesmo na interação entre o aluno e o conteúdo, as novas ferramentas abrem possibilidades antes inimagináveis. Entra então, aqui, o papel do design instrucional, que, como veremos, serve para organizar o conteúdo em experiências que efetivamente promovam aprendizagem.

Levando em consideração as concepções de Paulo Freire sobre a educação, os projetos de EaD deveriam incluir uma comunicação de mão dupla, que envolvesse a possibilidade de diálogo com o professor e os demais alunos. Portanto, muitos autores consideram que a idéia de interação deve fazer parte do conceito de EaD. Contudo, mesmo com o progresso das tecnologias, muitos modelos de EaD privilegiam o estudo autônomo e independente, utilizando muito poucas atividades interativas, porque essas atividades, ainda que assíncronas, em geral provocam restrições de tempo para o aluno, o que iria contra o próprio espírito da aprendizagem a distância. Portanto, a interação de professores e alunos não é considerada por todos uma característica necessária para a EaD, já que alguns modelos defendem a autonomia e independência do aluno. Sendo assim, o grau de combinação entre atividades individuais e em grupo, para muitos, define a educação a distância.

As novas tecnologias geram, sem dúvida, maior interação de professores e alunos, e mesmo entre os próprios alunos, possibilitando justamente a combinação da flexibilidade da interação humana com a independência no tempo e no espaço, como analisaremos ainda neste capítulo e em outros. Essa aparente oposição autonomia/interação, portanto, será um dos temas mais debatidos ao longo desta obra e será retomado em vários momentos.

1.2.7. Público

Em princípio, o público da EaD é ilimitado. Cabe, entretanto, lembrar que alguns setores são beneficiados com o progresso da educação a distância, pois não teriam acesso a programas tradicionais de educação. Nesse sentido, a EaD democratizaria e simplificaria o acesso ao conhecimento, funcionando como um mecanismo de justiça social.

Em primeiro lugar, devemos lembrar das pessoas incapacitadas, por deficiências físicas ou mentais, de freqüentar instituições convencionais de aprendizagem. Além disso, a EaD traz um benefício direto a pessoas que moram em lugares isolados, afastados dos locais onde é possível estudar presencialmente. A EaD beneficia ainda pessoas que, por diversos motivos, não podem se deslocar até uma instituição de ensino presencial, ou as que trabalham em horários alternativos ou viajam constantemente, sem conseguir, por isso, se comprometer a freqüentar uma instituição de ensino tradicional.

A EaD caracteriza-se também como um instrumento bastante rico para treinamento e educação de professores que, por diversos motivos, não teriam condições de freqüentar instituições presenciais e tradicionais. Para esse fim, ela tem sido utilizada com sucesso no Brasil, além de ter se tornado uma ferramenta poderosa para treinamento de empresas; nesse sentido, estudaremos também a EaD corporativa neste texto.

1.3. Ensino a distância ou educação a distância?

É possível a educação a distância? Ou educação a distância é uma contradição? Se a presença é essencial para a intersubjetividade requerida em uma experiência de educação, então a educação a distância não seria possível. Nesse sentido, alguns defendem que seria apenas possível ensino ou instrução a distância, mas nunca educação.

Outros autores defendem que não há problema algum com a sigla EaD, e que é, sim, possível a educação a distância, muitas vezes inclusive de maneira mais intensa e proveitosa do que no caso da educação presencial.

Analisemos um pouco essa polêmica.

1.3.1. Presença e importância do corpo

O conhecimento é, em certo sentido, essencialmente experiencial, baseado na fisicalidade que cada um de nós experiencia diferentemente.[4] Nesse sentido, Hubert Dreyfus, professor da Universidade da Califórnia, Berkeley, desenvolve em seu *On the Internet*[5] uma extensa crítica ao projeto da educação a distância. Se acompanharmos o raciocínio de Dreyfus e concordarmos pelo menos em parte com ele, deve haver algum problema conceitual intrínseco ao próprio projeto de EaD. O Capítulo 2 do seu sintético livro tem o provocativo título 'How far is distance learning from education?' ['Quão distante está a EaD da educação?'].

Segundo Dreyfus, em 1922, Thomas Edison teria previsto que o cinema revolucionaria o sistema educacional e suplantaria o livro-texto; em 1945, William Levenson previra que o receptor de rádio seria tão comum na sala de aula quanto o quadro-negro; quarenta anos depois, Skinner previra que, com as máquinas instrutoras e a instrução programada, os estudantes poderiam aprender o dobro do que na sala de aula; e, há mais de duas décadas, considerava-se que os computadores revitalizariam a educação. Hoje, acredita-se que a Internet tornará possível uma nova abordagem para a educação. Espera-se que a Internet solucione os problemas da educação, mas, segundo Dreyfus, nessas discussões quase nunca se fala sobre educação. Fala-se de Internet, mas não de educação.

A função da universidade é educar estudantes. Se 'educação' significa enviar informação de quem a tem para quem a recebe, o que Paulo Freire chama de 'educação bancária', a Internet faz isso bem, como também o faz o videoteipe ou qualquer mídia de gravação. Mas a EaD não pode ser concebida simplesmente como consumo de informação.

Para ele, a educação requer a interação cara a cara entre estudante e professor. O campus é essencial na formação do estudante pela identificação que se estabelece entre o aluno e o local, entre o aluno e os colegas de classe, e assim por diante.

Segundo Dreyfus, um dos propósitos da educação é formar cidadãos em vários domínios. E, nesse sentido, ele propõe uma enumeração progressiva dos estágios pelos quais o estudante aprende por instrução, prática e aprendizagem a se tornar um *expert* em algum domínio específico e na vida cotidiana: 1) principiante ou novato; 2) novato ou amador avançado; 3) competência; 4) proficiência; 5) habilidade ou perícia; 6) domínio, autoridade ou maestria; e 7) sabedoria prática.

Para Dreyfus, a aquisição de habilidades acima do segundo nível requer envolvimento, significação e preocupação. Apenas seres humanos emocionais, envolvidos e encorpados podem se tornar proficientes e *experts*, e apenas eles podem se tornar mestres. O professor, em sala de aula, precisa encorajar e fazer parte do envolvimento. Nesse sentido, Dreyfus defende que a universidade não pode deixar de ser intermediada e lança uma questão: pode a presença física, necessária para adquirir habilidades em vários domínios, e para adquirir a maestria de uma cultura, ser oferecida por meio da Internet?

O risco é importante no processo de aprendizado; quando o professor e a classe estão juntos, presencialmente, assumem um risco que não existe quando não estão interagindo: o estudante, de um lado, arrisca-se a ser chamado a demonstrar seu conhecimento sobre o assunto da aula; e o professor, do outro, arrisca-se a ser questionado sobre o que não pode responder. Assim, EaD pode produzir não apenas oportunidades de aprendizado mais debilitadas, mas também professores mais fracos. Não é à toa que vários projetos de EaD consideram quase desprezível a função dos tutores, sem se preocupar com sua formação, tampouco com seu treinamento, remunerando-os de maneira indecente.

Presencialmente, o professor aprende com os alunos, aprende que alguns exemplos funcionam ou não, que algum material precisa ser apresentado de modo diferente de outros, que ele estava simplesmente errado sobre algum fato ou teoria, ou mesmo que havia uma perspectiva melhor para encarar determinada questão. A EaD passiva remove o risco do processo de ensino e aprendizagem.

O desafio seria, então, pensar na EaD ao vivo, interativa, por vídeo, embora esse não seja o uso da Web que mais atraia os administradores devido a seu custo. Em vários sentidos, para Dreyfus, os projetos de EaD privilegiam a economia em desfavor da eficácia.

Eu não posso controlar a direção da câmera e o que ela escolhe para dar *zoom* da mesma maneira como controlo o que atrai a minha atenção experiente quando a classe está na minha frente. Eu não posso me mover durante a aula, como ocorre na sala, chegando às vezes mais perto dos alunos, às vezes me afastando e encontrando assim a melhor perspectiva para a aula. E tampouco posso estabelecer contato pelo olhar. Com a EaD, para

Dreyfus, eu perco a possibilidade de controlar o movimento de meu corpo para ter uma visão melhor do mundo.

Perde-se, ainda, um sentido de contexto, que no caso do ensino seria o astral da classe. Em geral, o astral governa como as pessoas dão sentido a suas experiências; e o nosso corpo é justamente o que permite que permaneçamos ligados a um astral. A relação entre os atores e a platéia determina o desenvolvimento de uma peça, ao contrário do cinema. Seria possível pensar, em EaD, em professores-atores-de-cinema tão eficientes quanto professores-atores-de-teatro?

Poderia a EaD, interativa ou não, reproduzir a sensação de estarmos em uma situação de maneira que o que for aprendido possa ser transferido para o mundo real? Para Dreyfus, os alunos virtuais não teriam a experiência que vem da resposta direta às situações arriscadas e perceptualmente ricas que o mundo nos apresenta. Sem a experiência de seus sucessos e fracassos incorporados em situações reais, eles não seriam capazes de adquirir a habilidade de um *expert*, que responde imediatamente a situações presentes como um mestre. Para Dreyfus, a *expertise* não pode ser adquirida no ciberespaço desencorpado, pois necessita do exercício de interconexão de corpos, da intercorporalidade, da presença em uma sala de aula.

Outro autor que argumenta na mesma direção é Albert Borgmann, em seu *Holding on to reality*.[6] Para ele, a educação implica disciplina para sustentar o esforço de aprendizado, que por sua vez precisa do suporte de tempo, espaço e socialização que têm sido partes da natureza humana desde que nos envolvemos em um mundo de informações naturais. Além disso, as universidades virtuais poderiam ajudar a perpetuar um problema, o dos preconceitos, que as universidades reais já começaram a resolver, pois nestas os 'superiores' e 'inferiores' são obrigados a conviver frente a frente com tarefas comuns e exigentes.

Para Borgmann, o campus tradicional recria uma ordem espacial e temporal cara à informação natural. As aulas têm seu tempo e espaço específicos. Elas ocorrem em salas cavernosas com boa parte da atenção centrada em uma pessoa. Seminários são conduzidos em pequenas salas com grande interação de alunos e professores. Os laboratórios têm um cheiro característico e envolvem o tato, assim como a visão e a audição. As bibliotecas oferecem espaços para leituras silenciosas. Lanchonetes nos cercam com seu zumbido confortante. Mesmo na pequena escala do escritório, escrever aqui, procurar uma pasta ali, levantar para pegar um livro da estante caracterizam-se como envolvimentos menores do corpo que ajudam a espacializar e temporalizar a informação, tornando mais provável sua transformação em conhecimento.

A informação tecnológica, ao contrário, brota infinita e incansavelmente de uma fonte em direção a um corpo imobilizado por um sentido. Ou assim seria se microcomputadores fossem uma fonte de informação verdadeiramente rica. Mas o que ocorre é um desequilíbrio proibitivo entre a informação tecnológica abundante, de um lado, e a capacidade de absorção severamente atrofiada, de outro.

Um dos nossos desafios, em nosso contato com o mundo virtual, é, portanto, dar sentido ao excesso de informação. Sentimos muitas vezes necessidade de retornar à experiência concreta, de envolvimento com os outros. Falta temporalidade vivencial e existencial ao computador, pois tudo no computador é, afinal de contas, discreto. Portanto, acabamos enxergando o mundo por uma categoria temporal diferente das gerações anteriores. A impaciência patológica e a busca por velocidade são expressões do mundo computadorizado. Para Borgmann, há um sentido crescente de alarme em relação à enchente de informação que, em vez de irrigar a cultura, ameaça arruiná-la. (Borgmann, 2000:213)

Os computadores, e particularmente a Internet, de um lado permitem que acessemos, analisemos e sintetizemos mais rapidamente a informação; de outro lado, entretanto, facilitam também a produção de conhecimento sem base e de pesquisa sem direção, criando os 'sábios-idiotas', ou seja, os indivíduos que detêm grande quantidade de informação que, entretanto, não se encontra articulada. Produzem-se mais dados com a informática, o que, todavia, não é sinônimo de informação nem de conhecimento.

Além disso, a computação mediada por computadores contribui para o *tecnostress*, devido ao, entre outros motivos, excesso de informações disponíveis. O que deveria ser a solução dos problemas tornou-se, muitas vezes, sua causa: o exagero de informações acaba funcionando da mesma forma que a ignorância, levando à paralisia. Transformar dados em informação e conhecimento torna-se, pela grande quantidade de dados disponíveis, um suplício, e acabamos muitas vezes nos sentindo perdidos.

O estresse não ocorre, entretanto, apenas por causa do excesso de informações disponíveis, mas também pela sobrecarga de informação com que somos bombardeados diariamente e a pressão a que somos submetidos para filtrar essas informações que chegam a todo o momento.

Portanto, esse encontro entre nosso pensamento e a velocidade da informática, que caracteriza nossas atividades no mundo virtual, pode também gerar conseqüências nocivas. Na sociedade informática nem sempre há tempo para as idéias amadurecerem.

A escrita digital está, ao mesmo tempo, associada a uma abundância criativa e a uma fragmentação e incoerência na formulação das idéias.[7] O prefixo 'hiper', de hipertexto, tem, entre outros sentidos, o de algo agitado e patológico.[8]

Borgmann faz eco a Dreyfus em relação às habilidades e competências pseudo-adquiridas virtualmente. Muitos tipos de competência não podem ser verificados mecanicamente e, daqueles que podem, poucos podem ser adquiridos por estudantes virtuais.[9]

1.3.2. Diferença não significativa

Para muitos profissionais que praticam e pesquisam EaD, entretanto, a pergunta "é possível educar a distância?" não tem sentido. Inúmeros estudos concluem que não há diferença significativa nos resultados da aprendizagem dos alunos quando comparamos a EaD com a educação presencial. Isso quer dizer não apenas que a EaD não é inferior ao ensino presencial, mas também que apenas ensinar a distância não serviria para gerar melhores resultados.

Thomas Russell publicou um famoso livro, *The no significant difference phenomenon: a comparative research annotated bibliography on technology for Distance Education*, e mantém um site[10] no qual reúne artigos que desde 1928 comparam a EaD com a educação presencial. No site, por exemplo, é possível tanto submeter pesquisas para a publicação quanto fazer buscas no banco de dados dos artigos.

A pergunta que o livro se propõe a responder é: fazer um curso a distância diminui as chances de sucesso de um aluno se comparado com o mesmo aluno fazendo o mesmo curso no formato presencial? Segundo a avaliação de Russell, a conclusão da maioria dos artigos que respondem a essa questão é que não há diferença significativa (*No Significant Difference* — NSD), ou seja, os resultados não são nem melhores nem piores em EaD em comparação com o ensino presencial. Com base nesses estudos, portanto, não haveria diferenças importantes entre estudar a distância ou em uma sala de aula, isto é, o modo pelo qual o aluno estuda não modificaria sensivelmente os resultados da aprendizagem. Assim, as mídias utilizadas em EaD seriam tão válidas para a educação quanto as aulas presenciais. A EaD não seria, a princípio, inferior à educação presencial, por isso não seria a tecnologia, mas sim sua aplicação, o que poderia afetar o ensino e a aprendizagem.

Alguns artigos, entretanto, mostram que o uso da tecnologia gera melhores resultados de aprendizagem quando um curso é redesenhado para se adaptar à tecnologia. Isso poderia ser explicado justamente pela reestruturação do conteúdo, e não pelo simples uso da tecnologia. Ou seja, a tecnologia não traria, em si mesma, nenhum benefício implícito para a educação.

Outros estudos, entretanto, mostram que o uso da tecnologia gera piores resultados, isto é, alunos que estudam presencialmente teriam vantagens em relação aos alunos que estudam a distância.

Por fim, podem também ser encontrados no site artigos que indicam resultados mistos, em que algumas variáveis mostram melhor qualidade de aprendizagem quando um curso é ministrado a distância, enquanto outras indicam melhor qualidade quando um curso é ministrado presencialmente.

A metodologia para estudos comparativos desse tipo é bastante complexa, e essa é uma das principais críticas feitas a esses artigos, independentemente de seus resultados. Para que estes fossem válidos, deveriam ser isoladas variáveis como o currículo, o aluno (e suas preferências), os materiais utilizados, o método de ensino, o professor (e a sua facilidade ou preferência por algum modelo de educação) e mesmo o design instrucional, o que não é uma tarefa simples. De qualquer maneira, o site serve como referência para quem se interessa por esse tipo de comparação.

1.3.3. Distância transacional

Michael Moore, destacado teórico da EaD (não o confunda com o polêmico cineasta norte-americano), desenvolveu um importante conceito, de 'distância transacional', que desloca a perspectiva de Dreyfus e Borgmann ao analisarmos a EaD.

Educação a distância. Mas, afinal, o que significa a palavra 'distância' nessa expressão?

A separação entre professores e alunos, na educação a distância, afeta, sem dúvida, consideravelmente o processo de ensino e de aprendizagem. De acordo com essa distância 'física', e mesmo 'temporal', surge, entretanto, um novo 'espaço' pedagógico e psicológico, quando comparado à educação tradicional e presencial, em que ocorre uma forma diferente de comunicação, uma nova 'transação'. Esse novo espaço, criado pela EaD, pode ser denominado 'distância transacional'.

Ou seja, à distância transacional não interessa a distância física entre professor e aluno, ou mesmo entre os alunos, mas sim as relações pedagógicas e psicológicas que se estabelecem na EaD. Portanto, independentemente da distância espacial ou temporal, os professores e os alunos podem estar mais ou menos distantes em EaD, do ponto de vista transacional. Assim, a distância transacional varia consideravelmente em EaD.

Nesse sentido, três variáveis pedagógicas (e não físicas) afetam diretamente a distância transacional: a *interação* entre alunos e professores, a *estrutura* dos programas educacionais e a natureza e o grau de *autonomia* do aluno.

Interação

Quanto maior é a interação entre os participantes de um processo de ensino e aprendizagem, menor a distância transacional.

A natureza interativa das mídias utilizadas para a EaD influi diretamente na quantidade e qualidade do diálogo que se estabelece entre professores e alunos. Algumas mídias, como um livro, programas gravados em fita de áudio ou vídeo ou programas de rádio e televisão não permitem respostas dos alunos, então não possibilitam a interação. Ocorre, nesses casos, somente um diálogo interno e silencioso, virtual, pois ele se estabelece apenas na mente do aluno, muitas vezes com o produtor do conteúdo acessado. De outro lado, a Internet possibilita elevado nível de interação, um diálogo intenso e dinâmico, por meio de ferramentas como fóruns e *chats*, assim como videoconferências, pelas quais os alunos podem participar com comentários. A manipulação das mídias permite ampliar o diálogo entre alunos e professores e, em conseqüência, diminuir a distância transacional e a sensação psicológica de separação, gerando um senso de comunidade.

Outros fatores sem dúvida influenciam o diálogo e, em decorrência, a distância transacional: o número de alunos por professor; a freqüência das oportunidades para comunicação; o ambiente físico em que os professores ensinam e os alunos aprendem; o ambiente emocional dos professores e dos alunos; a personalidade do professor e dos alunos; e o conteúdo a ser ensinado e aprendido.

Estrutura do programa

O projeto de um curso influencia também diretamente na distância transacional.

As estruturas dos cursos de EaD podem ser mais rígidas ou mais flexíveis, e isso é determinado não apenas pelas mídias utilizadas e pelas características dos professores e alunos, mas principalmente pela filosofia e pela cultura das instituições educacionais ou das empresas responsáveis pelos cursos.

Um programa de televisão gravado, por exemplo, é altamente estruturado e, portanto, não aberto ao diálogo. Já cursos que se utilizam de computadores ou teleconferências são menos estruturados e permitem mais diálogo entre os participantes. Ou seja, quanto mais estruturado um programa, menor o diálogo entre professores e alunos e, portanto, maior a distância transacional. Como afirma Michael Moore:

> Em programas com pouca distância transacional os alunos recebem instruções e orientação de estudo por meio do diálogo com um instrutor, no caso de um programa que tenha uma estrutura relativamente aberta, projetado para dar respaldo a tais interações individuais. Em programas mais distantes, onde menos ou pouco diálogo é possível ou permitido, os materiais didáticos são fortemente estruturados de modo a fornecer toda a orientação, as instruções e o aconselhamento que os responsáveis pelo curso possam prever, mas sem a possibilidade de um aluno modificar este plano em diálogo com o instrutor.[11]

E Moore continua, mais à frente:

> O sucesso do ensino a distância depende da criação, por parte da instituição e do instrutor, de oportunidades adequadas para o diálogo entre professor e aluno, bem como de materiais didáticos adequadamente estruturados. Com freqüência isto implicará tomar medidas para reduzir a distância transacional através do aumento do diálogo com o uso de teleconferência e do desenvolvimento de material impresso de apoio bem estruturado. Na prática, isto se torna um assunto bastante complexo, pois o que é adequado varia de acordo com o conteúdo, o nível de ensino e as características do aluno, e principalmente com a sua autonomia. Muito tempo e esforço criativo, bem como a compreensão das características de aprendizagem do público-alvo, devem ser empregados para identificar o quanto de estrutura é necessário em qualquer programa, e para projetar adequadamente interações e apresentações estruturadas. É preciso muita habilidade para facilitar o grau de diálogo que seja suficiente e adequado para determinados alunos. Superar desta forma a distância transacional através da estruturação adequada da instrução e do uso adequado do diálogo é bastante trabalhoso. Requer o envolvimento de muitas habilidades diferentes e exige que estas habilidades sejam sistematicamente organizadas e aplicadas. Requer ainda mudanças no papel tradicional dos professores e fornece a base para a seleção dos meios para a instrução.

Os seguintes processos devem ser estruturados em programas de EaD: apresentação; apoio à motivação do aluno; estímulo à análise e à crítica; aconselhamento e assistência; organização de prática, aplicação, teste e avaliação; e organização para a construção do conhecimento por parte do aluno.

São também necessárias a seleção e a integração entre os meios de comunicação em função das características dos alunos e do conteúdo a ser ministrado. Assim, métodos como manuais de auto-estudo, gravações de áudio e vídeo, correio, teleconferências, audioconferências e conferências pelo computador podem ser usados e combinados para procurar diminuir a distância transacional.

A autonomia do aluno

A tradição humanista defende o diálogo pouco estruturado em educação, enquanto a tradição behaviorista defende o projeto sistemático da instrução, baseado em objetivos comportamentais com o máximo de controle do processo de aprendizagem por parte do professor.

Alguns alunos preferem sistemas menos estruturados e mais dialógicos, enquanto outros, ao contrário, preferem menos diálogo e mais estrutura. Em princípio, um aluno virtual tem mais autonomia do que um aluno presencial, no sentido de que ele tem mais domínio sobre os objetivos, as experiências de aprendizagem e as decisões de avaliação do seu programa. Alunos mais autônomos precisam menos da participação do professor no processo de aprendizagem e, muitas vezes, não fazem questão do diálogo. Mas, em geral, mesmo os alunos adultos não estão totalmente preparados para a aprendizagem independente.

Portanto, os programas de EaD podem ser avaliados em função de quanto o professor ou o aluno controlam os principais processos de ensino-aprendizagem e, desse modo, quanta autonomia fornecem ao aluno.

Chegamos hoje em um nível de extremo desenvolvimento dos meios de telecomunicação interativos, como as redes interativas de computadores, vídeo e áudio, que tornaram possível um diálogo mais ágil e pessoal com o professor e, principalmente, entre os próprios alunos. Assim, esses meios de comunicação viabilizam programas menos estruturados que os meios de comunicação impressos ou gravados. Os grupos aprendem por meio da interação em rede e da construção do conhecimento, o que deu origem a diversas expressões, como 'inteligência coletiva', 'inteligência conectiva', 'coletivos inteligentes', 'redes inteligentes' e 'cérebro global'. Cada aluno pode agora interagir com as idéias dos outros, no seu próprio tempo e ritmo, o que não era possível no passado, nem na educação convencional nem na EaD.

Professores treinados podem organizar atividades on-line interativas que não apenas reduzem a distância transacional, mas que também aumentam a autonomia dos alunos. Esse seria o cenário mais criativo e inovador para a EaD em relação à distância transacional: alto nível de interação entre os participantes, programas pouco estruturados (em que o tutor tem liberdade para produzir, organizar e alterar o currículo conforme o próprio curso progride) e autonomia para o aluno. Ou, de outro modo: uma equação que muitos defendem como determinante da EaD contemporânea — quanto mais diálogo, menos autonomia para o aluno; quanto mais autonomia, menos diálogo — não passa de falsa dicotomia, como ainda teremos a oportunidade de analisar.

Pedimos ao professor Wilson Azevedo para nos falar um pouco sobre aprendizagem em rede pela Internet, uma de suas especialidades, e que também comentasse o trabalho que vem realizando na Aquifolium Educacional.

Por que aprendizagem colaborativa on-line?

Educação on-line é, antes de tudo, *educação*. E educação é um *processo humano e social*, que acontece na e pela interação de seres humanos. Essa interação pode ser intermediada por tecnologia. Mas em educação on-line tecnologia é isto mesmo: um *meio*, não um fim.

A aprendizagem humana é *por natureza* colaborativa. Direta ou indiretamente, formal ou informalmente, aprendemos colaborando uns com os outros.

Uma das principais novidades proporcionadas pela Internet é a possibilidade de interagir coletivamente a distância em lugares diversos e sem hora marcada 'assincronamente', como dizem os especialistas. Dessa forma, via Internet, podemos aprender uns com os outros e ensinar uns aos outros, interagindo em *comunidades virtuais*.

Comunidades virtuais de aprendizagem colaborativa são grupos de pessoas que interagem coletivamente por meio de redes informatizadas com o objetivo de aprenderem juntas e se apóiam mutuamente para atingirem esse alvo. Tais comunidades ajudam a manter elevados os níveis de *motivação* de seus participantes. Bem conduzidas e dinamizadas, são um excelente recurso para o aprofundamento da aprendizagem e a *redução da evasão*.

Algumas necessidades de aprendizagem não exigem mais do que informação organizada e bem apresentada, mas para necessidades menos superficiais, *a mera publicação de informações não será suficiente*. Especialmente as necessidades que envolvem a assimilação de novos conceitos, a aplicação de espírito crítico e o desenvolvimento de capacidade argumentativa ou de trabalho em equipe demandam aquilo que somente a abordagem colaborativa pode oferecer.

Caminhamos para um futuro em que todo o ensino envolverá atividades total ou parcialmente a distância on-line, e nesse futuro a colaboração é fator fundamental. Mais do que uma rede de computadores, estamos diante de pessoas se relacionando, se entretendo e *aprendendo em rede*.

Sobre a Aquifolium Educacional

A Aquifolium Educacional é *uma das mais respeitadas empresas* no campo da educação on-line no Brasil. Atende a instituições de ensino e empresas oferecendo consultoria para a implantação de programas de educação a distância para intranets ou via Internet, desde a concepção pedagógica até o acompanhamento de docentes em suas primeiras aulas on-line, passando pelo desenho de ambientes on-line para aprendizagem colaborativa, capacitação e acompanhamento de docentes, ambientação de alunos etc.

Entre as empresas e instituições atendidas pela Aquifolium Educacional encontram-se: Sebrae Nacional, Senai Nacional, Senac Nacional, Sest/Senat Nacional, Senac-SP, Sistema Firjan, Conselho da Justiça Federal, Caixa Econômica Federal, entre outros.

Da linha de cursos, workshops e encontros on-line em nível internacional realizados pela Aquifolium Educacional nos últimos anos destacam-se: Pioneiros da Educação On-Line (com Linda Harasim, Robin Mason, Murray Turoff e Andrew Feenberg); Fazer a Ponte (com José Pacheco e a equipe de professores da Escola da Ponte, de Portugal); Capacitação Pedagógica para EaD via Internet; a série de Encontros com a Educação On-Line (com Rena Palloff, Keith Pratt, Zane Berge, Otto Peters, Gilly Salmon, Susan Tresman, entre outros); os workshops Avaliação em Educação On-Line (com

Stella Porto); Planejamento Educacional para EaD (com Alexander Romiszowiski); Conduzindo um Curso On-Line (com Wilson Azevedo); e Direitos Autorais e EaD (com Bruno Drago).

O *foco* do trabalho da Aquifolium Educacional está em uma abordagem que *privilegia os elementos humanos em relação aos tecnológicos*, introduzindo um diferencial de qualidade que ultrapassa as limitações das abordagens apoiadas principalmente na automatização de processos e distribuição de informações. Acreditamos que uma das maiores conquistas proporcionadas pelas tecnologias da informação e da comunicação mediada por computador reside na possibilidade de se promover *intensa interação de pessoas reunidas em comunidades virtuais de aprendizagem colaborativa*.

Wilson Azevedo é um dos grandes estudiosos da EaD no Brasil e realiza, com a Aquifolium, um trabalho bastante interessante com a oferta de diversos cursos a distância sobre temas essenciais em EaD.

Notas

1 FREIRE, Paulo. *Pedagogia do oprimido*. 11. ed. Rio de Janeiro: Paz e Terra, 1982, p. 66.
2 A discussão em questão está baseada em uma das perguntas propostas (e nas respostas) do livro: MAIA, Carmem; RONDELLI, Elizabeth; FURUNO, Fernanda (Org.). "Dia 38: O tempo real x tempo virtual. Como lidar com esse conceito para formatar um curso a distância?". *A educação a distância e o professor virtual:* 50 temas em 50 dias on-line. São Paulo: Anhembi Morumbi, 2005.
3 KEEGAN, Desmond. *Foundations of distance education*. 2nd ed. London: Routledge, 1991.
4 TURKLE, Sherry. *Life on the screen*: identity in the age of the Internet. New York: Simon & Schuster, 1997, p. 238.
5 DREYFUS, Hubert. *On the Internet*. London: Routledge, 2001.
6 BORGMANN, Albert. *Holding on to reality:* the nature of information at the turn of the millennium. Chicago: University of Chicago, 2000.
7 HEIM, Michael. *Electric language*: a philosophical study of word processing. 2nd ed. New Haven & London: Yale University, 1999, p. 210.
8 _____. *The metaphysics of virtual reality*. New York: Oxford University Press, 1994, p. 40.
9 BORGMANN, Albert. Op. cit., p. 214.
10 No Significant Difference Phenomenon (NSD). Disponível em: <http://nosignifi cantdifference.wcet.info/index.asp>. Acesso em: 31 maio 2007.
11 MOORE, Michael G. "Teoria da distância transacional". Trad. de Wilson Azevedo. *Brazilian review of open and distance learning*. Disponível em: <http://www.abed.org.br/publique/cgi/cgilua.exe/sys/start. htm?infoid=23&sid=69&UserActiveTemplate=2ing>. Acesso em: 15 abr. 2007. (Publicado originalmente em: KEEGAN, Desmond. *Theoretical principles of distance education*. London: Routledge, 1993, p. 22-38.)

2. História da EaD

Apesar de muitos defenderem que se trata de uma nova idéia, a educação a distância já possui uma longa trajetória. Retornando vários séculos na história da humanidade, pode-se dizer que a educação a distância tem a idade da escrita.

Nas sociedades orais, em que a escrita ainda não está estabelecida, a comunicação é necessariamente presencial. Para que alguma informação seja transmitida, o emissor e o receptor da mensagem devem estar presentes, no mesmo momento e no mesmo local.

A partir da invenção da escrita, a comunicação liberta-se no tempo e no espaço. Com a escrita, não é mais necessário que as pessoas estejam presentes, no mesmo momento e local, para que haja comunicação. Em uma sociedade primitiva, ao contrário, não ocorre comunicação sem que a pessoa com quem desejamos nos comunicar esteja presente.

As primeiras manifestações escritas são os desenhos, geralmente em pedras, que procuram copiar ou imitar objetos. Ao desenhar em paredes de pedra, o homem das cavernas já estaria exercitando a comunicação a distância.

Alguns autores consideram as cartas de Platão e as Epístolas de São Paulo exemplos iniciais e isolados de exercícios de educação a distância. Outros defendem que o ensino a distância tornou-se possível apenas com a invenção da imprensa, no século XV. A escrita, inicialmente, possibilitou que pessoas separadas geograficamente se comunicassem e documentassem informações, obras e registros. A invenção de Gutenberg, por sua vez, facilitou esse processo, permitindo que as idéias fossem compartilhadas e transmitidas para um maior número de pessoas, o que intensificou os debates, a produção e a reprodução do conhecimento.

2.1. Primeira geração: cursos por correspondência

Há registros de cursos de taquigrafia a distância, oferecidos por meio de anúncios de jornais, desde a década de 1720. Entretanto, a EaD surge efetivamente em meados do século XIX, em função do desenvolvimento dos meios de transporte e comunicação (como trens e correio), especialmente com o ensino por correspondência. Podemos apontar como sua primeira geração os materiais que eram primordialmente impressos e encaminhados pelo correio.

Rapidamente, várias iniciativas de criação de cursos a distância se espalharam, com o surgimento de sociedades, institutos e escolas. Os casos mais bem-sucedidos foram os cursos técnicos de extensão universitária. Havia, entretanto, grande resistência com relação a cursos universitários a distância, por isso poucas foram as experiências duradouras, mesmo nos países mais desenvolvidos.

2.2. Segunda geração: novas mídias e universidades abertas

A segunda geração da EaD apresentou o acréscimo de novas mídias como a televisão, o rádio, as fitas de áudio e vídeo e o telefone.

Um momento importante é a criação das universidades abertas de ensino a distância, influenciadas pelo modelo da Open University[1] britânica, fundada em 1969, que se utilizam intensamente de rádio, TV, vídeos, fitas cassetes e centros de estudo, e em que se realizaram diversas experiências pedagógicas. Com base nessas experiências, teria crescido o interesse pela EaD. Surgiram assim as megauniversidades abertas a distância, em geral as maiores, em número de alunos, de seus respectivos países, como o Centre National d'Enseignement à Distance (CNED)[2] na França; a Universidad Nacional de Educación a Distancia (Uned)[3] na Espanha; a Universidade Aberta[4] de Portugal; a FernUniversität in Hagen[5] na Alemanha; a Anadolu Üniversitesi[6] na Turquia; a Central Radio and TV University[7] na China; a Universitas Terbuka[8] na Indonésia; a Indira Gandhi National Open University[9] na Índia; a Sukhothai Thammathirat Open University[10] na Tailândia; a Korea National Open University;[11] a Payame Noor University[12] no Irã; a University of South África (Unisa)[13] (na verdade a pioneira, fundada em 1946, mas que no início não era exatamente uma universidade aberta); entre outras. Essas experiências têm servido para repensarmos a função das universidades no futuro e modificar a educação de diversas maneiras, mas apenas na década de 1990 as universidades tradicionais, as agências governamentais e as empresas privadas teriam começado a se interessar por elas.

2.3. Terceira geração: EaD on-line

Uma terceira geração introduziu a utilização do videotexto, do microcomputador, da tecnologia de multimídia, do hipertexto e de redes de computadores, caracterizando a educação a distância on-line. Além disso, em relação à geração anterior, não temos mais uma diversidade de mídias que se relacionam, mas uma verdadeira integração delas, que convergem para as tecnologias de multimídia e o computador. Em muitas ofertas de cursos a distância, hoje, todas as mídias apresentadas neste capítulo ainda convivem, apesar do predomínio do uso da Internet.

A terceira geração da evolução da EaD seria marcada pelo desenvolvimento das tecnologias da informação e da comunicação. Por volta de 1995, com o desenvolvimento explosivo da Internet, ocorre um ponto de ruptura na história da educação a distância. Surge então um novo território para a educação, o espaço virtual da aprendizagem, digital e baseado na rede. Surgem também várias associações de instituições de ensino a distância. Pode-se portanto pensar em um novo formato do processo de ensino-aprendizagem, "aberto, centrado no aluno, baseado no resultado, interativo, participativo, flexível quanto ao currículo, às estratégias de aprendizado e envio e não muito preso a instituições de aprendizado superior, porque pode também se dar nos lares e nos locais de trabalho".[14] A EaD, assim, nos ajudaria a romper com a tradição e planejar o novo.

2.4. EaD hoje

Atualmente, dezenas de países, independentemente do seu grau de desenvolvimento econômico, atendem milhões de pessoas com educação a distância em todos os níveis, utilizando sistemas mais ou menos formais.

São inúmeras as instituições que oferecem cursos a distância, desde disciplinas isoladas até programas completos de graduação e pós-graduação. Em alguns casos, esses cursos são oferecidos por instituições que também oferecem cursos presenciais, mas, em outros casos, temos instituições de ensino voltadas exclusivamente para o ensino a distância e, até mesmo, universidades virtuais, que não possuem campus, apenas um banco de dados de colaboradores e uma oferta de cursos a distância, as *click universities*, em oposição às tradicionais *brick universities* (universidades de tijolo).

As universidades abertas européias oferecem cursos somente a distância. Fora da Europa, também há um grande número de instituições especializadas em EaD, fundadas em geral nas décadas de 1970 e 1980. Nos Estados Unidos, a EaD alcançou grande desenvolvimento, pioneiramente com as International Correspondence Schools (ICS), direcionadas para os estudos em casa.

Deve-se destacar, ainda, a intensa utilização da EaD pelas empresas, chamada de EaD corporativa, que deu origem, na década de 1990, às universidades corporativas, analisadas no próximo capítulo.

Além disso, inúmeras associações, organizações e consórcios procuram direcionar os esforços em educação a distância, como o International Council for Open and Distance Education (ICDE);[15] a European Association of Distance Teaching Universities (EADTU);[16] o European Distance and E-Learning Network (Eden);[17] o EuroPace;[18] a Asian Association of Open Universities (AAOU);[19] a Open and Distance Learning Association of Australia (ODLAA);[20] entre outras.

No capítulo seguinte, teremos a oportunidade de aprofundar a avaliação da situação da EaD hoje.

2.5. História da EaD no Brasil

Comparando o desenvolvimento da EaD no Brasil com a experiência mundial, algumas diferenças saltam aos olhos. Em um primeiro momento, a EaD brasileira segue o movimento internacional, com a oferta de cursos por correspondência. Entretanto, mídias como o rádio e a televisão serão exploradas com bastante sucesso em nosso país, por meio de soluções específicas e muitas vezes criativas, antes da introdução da Internet. Além disso, no Brasil, a experiência das universidades abertas é retardada praticamente até hoje, com a recente criação da Universidade Aberta do Brasil (UAB).

Seguem algumas referências do desenvolvimento da EaD em nosso país.

Escolas internacionais e cursos por correspondência — 1904

O *Jornal do Brasil*, que iniciou suas atividades em 1891, registra, na primeira edição da seção de classificados, anúncio que oferece profissionalização por correspondência para datilógrafo.

Considera-se marco histórico a implantação das 'Escolas Internacionais' em 1904, que representam organizações norte-americanas. Eram instituições privadas que ofereciam cursos pagos por correspondência em jornais. Inicialmente, os cursos eram em espanhol.

Esse era um momento de crise na educação nacional, no qual a necessidade de reformas se fazia premente. Entretanto, devido à pouca importância que se atribuía à educação a distância e às dificuldades enfrentadas com o uso dos correios, o ensino por correspondência recebeu reduzido incentivo por parte das autoridades educacionais e órgãos governamentais.

Nesse período, a educação a distância manteve o material impresso como base, mas, posteriormente, passou a complementar o método com recursos de áudio e vídeo, transmissões de rádio e televisão, videotexto, computador e, mais recentemente, tecnologia de multimídia.

Rádio-Escola — 1923

Várias iniciativas então se sucederam: em 1923, um grupo liderado por Henrique Morize e Roquette-Pinto criou a Rádio Sociedade do Rio de Janeiro, que oferecia cursos de português, francês, silvicultura, literatura francesa, esperanto, radiotelegrafia e telefonia. Tinha início, assim, a educação pelo rádio. Em 1927, foi criada, também no Rio de Janeiro, a Comissão de Cinema Educação; em 1932, educadores lançaram o Manifesto da Escola Nova, propondo o uso dos recursos de rádio, cinema e impressos na educação brasileira.

Em 1934, Edgard Roquette-Pinto instalou a Rádio-Escola Municipal no Rio. Os alunos tinham acesso prévio a folhetos e esquemas de aulas, e a Rádio-Escola utilizava também correspondência para contato com os alunos.

Em 1936, a emissora Rádio Sociedade do Rio de Janeiro foi doada ao Ministério da Educação e Saúde, e no ano seguinte foi criado o Serviço de Radiodifusão Educativa do Ministério da Educação.

Rádio Monitor — 1939

Os primeiros institutos brasileiros a oferecerem sistematicamente cursos a distância por correspondência — profissionalizantes em ambos os casos — foram o Instituto Rádio Técnico Monitor, em 1939, e o Instituto Universal Brasileiro, em 1941. Juntaram-se a eles outras organizações similares, que foram responsáveis pelo atendimento de milhões de alunos em cursos abertos de iniciação profissionalizante a distância, até hoje.

O Instituto Monitor[21] foi fundado em 1939, a partir da experiência de um curso a distância para a construção de um modesto rádio caseiro, que utilizava apostilas de eletrônica e um kit. As atividades passaram então a ser todas realizadas por correspondência. Cerca de 5 milhões de alunos já estudaram no Instituto Monitor. Ainda hoje, ele oferece cursos técnicos, supletivos, profissionalizantes, de formação profissional e até mesmo presenciais, tendo recentemente desenvolvido metodologia própria para e-learning. Seus planos envolvem a mudança para uma nova sede e a atuação em todos os níveis de educação.

IUB — 1941

Outro pioneiro de EaD no Brasil é o Instituto Universal Brasileiro (IUB),[22] fundado em 1941 por um ex-sócio do Instituto Monitor, que já formou mais de 4 milhões de pessoas, e hoje possui cerca de 200 mil alunos. Oferece cursos profissionalizantes (como de auxiliar de contabilidade, desenho artístico e publicitário, fotografia, inglês, violão etc.) e supletivos. Sua principal mídia são apostilas enviadas por correio.

Nas décadas de 1940 e 1950, mais instituições passaram a fazer uso do ensino a distância via correspondência, impulsionadas pelo sucesso do Instituto Universal Brasileiro.

Recentemente, foi criado o Uniub — Cursos On-line, que substituiu o material impresso pela Internet e o correio pelo e-mail, além de incorporar o chat.

A Voz da Profecia — 1943

A *Voz da Profecia* começa nos Estados Unidos, em 1929, com a transmissão de séries bíblicas por rádio. Em 1943, passam a ser gravados discos e transmitidos programas por rádio em português. Assim vai ao ar o primeiro programa religioso apresentado no Brasil pelo rádio. A experiência cresceu e, hoje, transformou-se no Sistema Adventista de Comunicação, que inclui a Rede Novo Tempo de Rádio, a Rede Novo Tempo de TV, o programa *Está Escrito*, além de *A Voz da Profecia*. No mundo, existem também dezenas de escolas bíblicas por correspondência.

Senac, Sesc e Universidade do Ar — 1947

Em 1947, Senac, Sesc e emissoras associadas fundam a Universidade do Ar (em 1941 havia sido criada outra Universidade do Ar, que durou dois anos), com o objetivo de oferecer cursos comerciais radiofônicos. Os alunos estudavam nas apostilas e corrigiam exercícios com o auxílio dos monitores. A experiência durou até 1961.

A experiência do Senac com EaD, entretanto, continua até hoje. Em 1976, foi criado o Sistema Nacional de Teleducação, centrado no ensino por correspondência, mas que realizou também algumas experiências com rádio e TV. Em convênio com outras instituições, o Senac desenvolveu ainda, a partir de 1983, uma série de programas radiofônicos sobre orientação profissional na área de comércio e serviços, denominada *Abrindo Caminhos*. A partir de 1988, o sistema foi informatizado, e, em 1995, foi criado o Centro Nacional de Educação a Distância (Cead).

A partir de 1996, foi implantada a série radiofônica educativo-cultural *Espaço Senac*, hoje denominada *Sintonia Sesc–Senac*.

Em 2000, foi criada a Rede Nacional de Teleconferência, transmitida via satélite pela STV — Rede Sesc–Senac de Televisão —, com interatividade em tempo real por intermédio de e-mail, fax e telefone em todas as unidades do Sistema Senac, incluindo suas escolas-sobre-rodas e balsa-escola.

Desde 2001, o Senac oferece o Curso de Especialização em Educação a Distância e, desde 2002, o Curso de Especialização em Educação Ambiental, entre outros cursos, hoje ministrados pela Internet.

MEB — 1961

A Diocese de Natal, no Estado do Rio Grande do Norte, criou em 1959 algumas escolas radiofônicas, dando origem ao Movimento de Educação de Base (MEB),[23] marco na EaD não formal no Brasil. O MEB, envolvendo a Conferência Nacional dos Bispos do Brasil e o Governo Federal, utilizou inicialmente um sistema radioeducativo para a democratização do acesso à educação, promovendo o letramento de jovens e adultos.

Ocidental School — 1962

Em 1962 foi fundada, em São Paulo, a Ocidental School, de origem americana, focada no campo da eletrônica.

Ibam — 1967

Na área de educação pública, o Instituto Brasileiro de Administração Municipal (Ibam)[24] iniciou suas atividades de EaD em 1967, utilizando a metodologia de ensino por correspondência.

Padre Landell — 1967

A Fundação Padre Landell de Moura criou, em 1967, seu núcleo de EaD, com metodologia de ensino por correspondência e via rádio.

Projeto Saci — 1967

Concebido experimentalmente em 1967, por iniciativa do Instituto Nacional de Pesquisas Espaciais (Inpe),[25] o Projeto Saci (Satélite Avançado de Comunicações Interdisciplinares) tinha como objetivo criar um sistema nacional de telecomunicações com o uso de satélite. A idéia do Projeto Saci era inovadora e pioneira, vislumbrando as possibilidades dos meios de comunicação de massa em favor da prestação de serviços educacionais. O projeto, entretanto, foi encerrado em 1976.

Projeto Minerva — 1970

Em 1970, teve início o Projeto Minerva, convênio entre o Ministério da Educação, a Fundação Padre Landell de Moura e a Fundação Padre Anchieta, cuja meta era a utilização do rádio para a educação e a inclusão social de adultos. O projeto foi mantido até o início dos anos 80.

Telecurso — 1977

Cursos supletivos a distância começaram a ser oferecidos por fundações privadas e organizações não-governamentais a partir das décadas de 1970 e 1980, utilizando tecnologias de teleducação, satélite e materiais impressos.

Na década de 1970, a Fundação Roberto Marinho lançou o programa de educação supletiva a distância para 1º e 2º graus. Hoje denominado Telecurso 2000,[26] utiliza livros, vídeos e transmissão por TV, além de disponibilizar salas pelo país para que os alunos assistam às transmissões e aos vídeos, e tenham também a oportunidade de acessar o material de apoio. Calcula-se que mais de 4 milhões de pessoas já foram beneficiadas pelo Telecurso.

Cier — 1981

O Centro Internacional de Estudos Regulares (Cier) do Colégio Anglo-Americano, fundado em 1981, oferece ensinos fundamental e médio a distância. O objetivo do Cier é permitir que crianças, cujas famílias se mudam temporariamente para o exterior, continuem a estudar pelo sistema educacional brasileiro.

Salto para o Futuro — 1991

O programa *Jornal da Educação — Edição do Professor*, concebido e produzido pela Fundação Roquette-Pinto, teve início em 1991. Em 1995, com o nome de *Salto para o Futuro*, foi incorporado à TV Escola (canal educativo da Secretaria de Educação a Distância do Ministério da Educação), tornando-se um marco na EaD nacional.

É um programa para formação continuada e aperfeiçoamento de professores (principalmente do ensino fundamental) e alunos dos cursos de magistério. Utiliza diversas mídias como material impresso, TV, fax, telefone e Internet, além de encontros presenciais nas telessalas, que contam com a mediação de um orientador de aprendizagem. Os programas são ao vivo e permitem interação dos professores presentes nas telessalas.

As secretarias de educação e o Sesc são os parceiros responsáveis, nos Estados, pela montagem e pelo acompanhamento das telessalas. O programa atinge por ano mais de 250 mil docentes em todo o país.

2.6. EaD no ensino superior brasileiro: EaD.br[27]

No fim da década de 1980 e início dos anos 90, nota-se um grande avanço da EaD brasileira, especialmente em decorrência dos projetos de informatização, bem como da difusão das línguas estrangeiras. Há inúmeras outras iniciativas interessantes na história da nossa EaD, do primeiro, segundo e terceiro setores, e seria impossível contemplar todas aqui.

As iniciativas apresentadas anteriormente se desenvolveram basicamente no ensino fundamental e médio e na capacitação de professores. Mas sabemos que, com as novas tecnologias da informação e da comunicação, e a abertura da legislação, a partir da década de 1980 o ensino superior começou a ser virtualizado. Como isso aconteceu?

Em 1972, o Governo Federal enviou à Inglaterra um grupo de educadores, liderados pelo conselheiro Newton Sucupira. Cabe lembrar que a Open University havia sido recentemente criada. Um relatório final, resultado da viagem, para alguns autores marcou uma posição reacionária em relação às mudanças no sistema educacional brasileiro, gerando um grande obstáculo à implantação da Universidade Aberta e a Distância no Brasil.

A Universidade de Brasília foi pioneira no uso da EaD no ensino superior, com o Programa de Ensino a Distância (PED), que ofereceu um curso de extensão universitária em 1979. Outros cursos foram produzidos e oferecidos inclusive por jornal, até 1985, além de terem sido traduzidos cursos da Open University. Em 1989, foi criado o Centro de Educação Aberta, Continuada, a Distância (Cead–UnB),[28] que hoje utiliza diversas mídias como correio, telefone, fax, CD-ROM, e-mail e Internet. É hoje a instituição com o maior número de alunos de EaD do país: 75.683 em 2006, segundo o Anuário Brasileiro Estatístico de Educação Aberta e a Distância (Abraed) 2007.

A partir da década de 1990, as instituições de ensino superior começaram a desenvolver cursos a distância baseados nas novas tecnologias de informação e comunicação. A educação a distância surge oficialmente no Brasil pela Lei de Diretrizes e Bases da Educação Nacional (Lei n. 9.394, de 20 de dezembro de 1996), sendo normatizada pelo Decreto n. 2.494 (de 10 de fevereiro de 1998), pelo Decreto n. 2.561 (de 27 de abril de 1998) e pela Portaria Ministerial n. 301 (de 7 de abril de 1998).

A nova LDB reservou um artigo específico para o ensino e a educação a distância:

> Art. 80. O Poder Público incentivará o desenvolvimento e a veiculação de programas de ensino a distância, em todos os níveis e modalidades de ensino, e de educação continuada.
>
> § 1º A educação a distância, organizada com abertura e regime especiais, será oferecida por instituições especificamente credenciadas pela União.
>
> § 2º A União regulamentará os requisitos para a realização de exames e registro de diploma relativos a cursos de educação a distância.
>
> § 3º As normas para produção, controle e avaliação de programas de educação a distância e a autorização para sua implementação caberão aos respectivos sistemas de ensino, podendo haver cooperação e integração entre os diferentes sistemas.
>
> § 4º A educação a distância gozará de tratamento diferenciado, que incluirá:
>
> I — custos de transmissão reduzidos em canais comerciais de radiodifusão sonora e de sons e imagens;
>
> II — concessão de canais com finalidades exclusivamente educativas;

III — reserva de tempo mínimo, sem ônus para o Poder Público, pelos concessionários de canais comerciais.[29]

A partir de 1998, passam-se a normatizar os procedimentos de credenciamento de instituições para a oferta de cursos de graduação e educação profissional tecnológica a distância.

O final dos anos 90 não nos trouxe apenas a Internet e a possibilidade do trabalho em redes de colaboração, mas também reflexões sobre práticas e metodologias pedagógicas que permitissem o uso de ferramentas interativas para melhorar a qualidade do ensino-aprendizagem, o que coincidiu, não por acaso, com a necessidade de se reformatar o ensino superior e criar diferenciais competitivos.

A possibilidade da interatividade, com o advento da Internet e das novas mídias interativas, trouxe fôlego novo aos pensadores e entusiastas da educação a distância. Isso é tão notório que o próprio Ministério da Educação publicou, em outubro de 2001, a Portaria n. 2.253, que regulamenta, no ensino superior, a oferta de disciplinas a distância para atender até 20 por cento da carga horária de cursos reconhecidos, indicando no corpo da portaria o uso de tecnologias da informação e da comunicação, no artigo 2º: "A oferta das disciplinas previstas no artigo anterior deverá incluir métodos e práticas de ensino-aprendizagem que incorporem o uso integrado de tecnologias de informação e comunicação para a realização dos objetivos pedagógicos".[30]

O movimento continua e, em 2002, o MEC cria uma Comissão Assessora de especialistas em educação a distância — da qual a autora deste livro fez parte —, que produziu um relatório esclarecendo às instituições e ao próprio MEC as principais diretrizes para o desenvolvimento da EaD no Brasil, com uso intensivo de ambientes virtuais e mediação entre os agentes realizada por interações em mídia digital. Essa transição aparece no artigo 3º da proposta de decreto, que diz:

> Educação a Distância (EaD): o processo de desenvolvimento pessoal e profissional no qual professores e estudantes interagem virtual ou presencialmente, por meio da utilização didática das tecnologias da informação e da comunicação, bem como de sistemas apropriados de gestão e avaliação, mantendo a eficácia do ensino e da aprendizagem.[31]

O objetivo da Comissão Assessora era:

> Apoiar a Secretaria de Educação Superior (Sesu) na elaboração de proposta de alteração das normas que regulamentam a oferta de educação a distância no nível superior e dos procedimentos de supervisão e avaliação do ensino superior a distância, em conjunto com representantes da Secretaria de Educação a Distância (Seed), Secretaria de Educação Média e Tecnológica (Semtec), da Fundação Coordenação de Aperfeiçoamento de Pessoal de Nível Superior (Capes) e do Instituto de Estudos e Pesquisas Educacionais (Inep).[32]

O relatório elaborado pela comissão foi concebido em três partes:

- Parte 1: O contexto atual da educação a distância e seu quadro normativo.
- Parte 2: Referenciais para elaboração de um projeto de educação superior a distância.
- Parte 3: Proposta de regulamentação para a EaD.

Desse trabalho, queremos ressaltar alguns aspectos. Na Parte 2, por exemplo, fica clara a necessidade de implantação de um projeto de educação a distância que seja coerente com o projeto pedagógico institucional e com o Plano de Desenvolvimento Institucional (PDI).

A idéia da comissão foi justamente a institucionalização da EaD na organização, contando com o envolvimento do quadro administrativo e acadêmico, além do compromisso institucional para garantir os resultados e objetivos da aprendizagem.

Segundo o relatório, um curso a distância deve ter como ponto de partida os seguintes tópicos:

- processo de ensino e aprendizagem e organização curricular;
- equipe multidisciplinar;
- material didático;
- interação de alunos e professores;
- avaliação de ensino e de aprendizagem;
- infra-estrutura de apoio;
- gestão;
- custos.

Na Parte 3 do relatório, a comissão sugeriu algumas alterações e reformulações na atual legislação de EaD, abrangendo os seguintes tópicos:

- definição de educação a distância;
- credenciamento de instituições;
- competências dos sistemas de ensino na supervisão da educação a distância;
- autorização e reconhecimento de cursos;
- matrícula e aproveitamento de estudos;
- certificados e diplomas;
- convênios e acordos nacionais e internacionais;
- avaliação de alunos e avaliação institucional.

No governo Lula, merecem ainda ser citados: a Portaria n. 4.059, de 2004, que trata da oferta de 20 por cento da carga horária dos cursos superiores na modalidade semipresencial; a Portaria n. 4.361, de 2004 (que revoga a Portaria n. 301, de 1998); o Decreto

n. 5.622, de 2005, que revoga o Decreto n. 2.494, de 1998; e, mais recentemente, as Portarias n. 01 e n. 02, de 2007, que tratam dos ciclos avaliativos do Sistema Integrado de Administração Escolar (Sinae), do credenciamento de instituições para a oferta de EaD e do funcionamento dos pólos de apoio presencial. O parágrafo 1º do artigo 2º da Portaria n. 02/2007 define o pólo de apoio presencial como "a unidade operacional para o desenvolvimento descentralizado de atividades pedagógicas e administrativas relativas aos cursos e programas ofertados a distância".[33]

No caso da oferta de cursos de graduação e educação profissional em nível tecnológico, a instituição interessada deve credenciar-se no MEC, solicitando a autorização de funcionamento para cada curso que pretenda oferecer.

A Resolução n. 1 (de 3 de abril de 2001) do Conselho Nacional de Educação estabeleceu as normas para o funcionamento de cursos de pós-graduação em nosso país. Os cursos de pós-graduação *stricto sensu* (mestrado e doutorado) a distância estão submetidos a exigências de autorização, reconhecimento e renovação, ao contrário dos cursos *lato sensu*, chamados de 'especialização', apesar de existirem divergências na interpretação da legislação para esses cursos.

Várias instituições de ensino superior brasileiras já estão credenciadas para oferta de diversos cursos de graduação, seqüenciais e pós-graduação *lato sensu* a distância, cuja lista pode ser conferida no site do MEC.[34]

Assim como no governo anterior, a educação a distância parece desempenhar papel primordial no projeto educacional do governo de Luís Inácio Lula da Silva. Investindo em softwares, equipamentos e telecomunicações, o governo espera obter maior integração das iniciativas de educação a distância, visando à melhor utilização dos recursos e tornando os resultados das experiências das instituições compartilhados. Um dos objetivos do governo, com esse investimento, é aumentar significativamente o número de vagas em universidades públicas.

Várias empresas já oferecem softwares de suporte para a preparação de cursos on-line, programas de educação a distância e inclusive campi virtuais. Inúmeras instituições de ensino superior no Brasil possuem hoje ferramentas próprias para a EaD; as pioneiras foram: a Universidade Federal de Santa Catarina (UFSC), com o Laboratório de Ensino a Distância (LED); a Universidade Anhembi Morumbi (UAM), com o Departamento de Ensino Interativo a Distância; a Universidade Federal de São Paulo (Unifesp), com o Unifesp virtual; as Faculdades Cariocas, com o Univir; e a comunidade virtual de estudo da Universidade Federal de Pernambuco (UFPE), com o Projeto Virtus. Trataremos em outro capítulo, com mais detalhes, das tecnologias utilizadas em EaD.

O Brasil já foi sede de diversos eventos nacionais e internacionais de educação a distância. Em 2006, por exemplo, o Rio de Janeiro sediou a 22ª Conferência Mundial de Educação a Distância do ICDE, na qual, inclusive, os autores deste livro tiveram a oportunidade de apresentar um trabalho em conjunto. Possuímos uma Associação Brasileira de Educação a Distância (Abed).[35]

Existe hoje, no MEC, uma Secretaria de Educação a Distância (Seed),[36] que desde 2007 tem como secretário o professor Carlos Eduardo Bielschowsky, sendo que o secretário anterior, Ronaldo Mota, assumiu a Sesu.

O Quadro 2.1[37] resume os principais momentos do desenvolvimento da EaD no Brasil.

Os quadros 2.2, 2.3, 2.4, 2.5, 2.6 e 2.7 representam a situação atual da EaD no Brasil e foram montados em função das estatísticas disponíveis no Abraed 2007 (os dados, em geral, são de 2006).

Os números do Oi Futuro são impressionantes, como se pode perceber no Quadro 2.2, chegando quase ao mesmo número de alunos das instituições autorizadas e cursos credenciados pelo Sistema de Ensino. No final de 2006, havia 256 instituições credenciadas pelo Sistema de Ensino, que inclui o Ministério da Educação (cursos de

Quadro 2.1 Principais momentos do desenvolvimento da EaD no Brasil

1904	Ensino por correspondência
1923	Educação pelo rádio
1939	Instituto Monitor
1941	Instituto Universal Brasileiro
1947	Universidade do Ar (Senac e Sesc)
1961	Movimento de Educação de Base (MEB)
1965	Criação das TVs educativas pelo poder público
1967	Projeto Saci (Inpe)
1970	Projeto Minerva
1977	Telecurso (Fundação Roberto Marinho)
1985	Uso do computador *stand alone* ou em rede local nas universidades
1985	Uso de mídias de armazenamento (videoaulas, disquetes, CD-ROM etc.) como meios complementares
1989	Criação da Rede Nacional de Pesquisa (uso de BBS, Bitnet e e-mail)
1990	Uso intensivo de teleconferências (cursos 'via' satélite) em programas de capacitação a distância
1991	Salto para o Futuro
1994	Início da oferta de cursos superiores a distância por mídia impressa
1995	Fundação da Associação Brasileira de Educação a Distância (Abed) Disseminação da Internet nas Instituições de Ensino Superior via RNP
1996	Lei de Diretrizes e Bases da Educação Nacional Criação da Secretaria de Educação a Distância (Seed)
1997	Criação de ambientes virtuais de aprendizagem Início da oferta de especialização a distância, via Internet, em universidades públicas e particulares
1998	Decretos e portarias que normatizam a EaD
1999	Criação de redes públicas e privadas para cooperação em tecnologia e metodologia para o uso das Novas Tecnologias de Informação e Comunicação (NTIC) na EaD Credenciamento oficial de instituições universitárias para atuar em educação a distância
2000	Fundação do Centro de Educação Superior a Distância do Estado do Rio de Janeiro (Cederj)
2005	Universidade Aberta do Brasil (UAB)
2006	Congresso do ICDE no Rio de Janeiro

Quadro 2.2 Número de brasileiros matriculados em cursos de EaD (2006)

Instituições autorizadas e cursos credenciados pelo Sistema de Ensino	778.458
Educação corporativa e treinamento em 27 instituições	306.858
Brasil Telecom	30.934
Vale do Rio Doce	12.726
Secretaria Especial de Educação a Distância do MEC	50.872
Sebrae	300.000
Senac	73.000
Governo do Estado de São Paulo	85.470
Oi Futuro (Instituto Telemar)	515.000
CIEE	33.771
Fundação Bradesco	88.981
Fundação Roberto Marinho	3.000
Total	**2.279.070**

graduação e pós-graduação) e os Conselhos Estaduais de Educação — educação de jovens e adultos (EJA), básico e profissionalizante —, para ministrar EaD no Brasil.

No Quadro 2.3, percebe-se que o ritmo de crescimento de 2004 a 2005, de 63 por cento, diminui quando comparado ao crescimento dos alunos em instituições autorizadas pelo Sistema de Ensino entre 2005 e 2006, 54 por cento. Percebe-se também (o que não é mostrado no quadro) um crescimento das regiões Sul e Centro-Oeste na oferta de cursos de EaD.

No Quadro 2.4, nota-se que o crescimento, de 2005 para 2006, se dá em função dos cursos de credenciamento federal, uma vez que o número de alunos em cursos de credenciamento estadual recua.

Quadro 2.3 Número de alunos a distância em instituições autorizadas pelo Sistema de Ensino a ministrar EaD no Brasil (2004–2006)

Ano	2004	2005	2006
Total	309.957	504.204	778.458

Quadro 2.4 Número de alunos por tipo de curso e nível de credenciamento (2005–2006)

Tipo de curso/credenciamento	2005	2006
Graduação, tecnológico e pós-graduação — credenciamento federal	300.826	575.709
Educação de jovens e adultos (EJA), fundamental, médio e técnico — credenciamento estadual	203.378	202.749
Total de alunos	504.204	778.458

Quadro 2.5 Instituições com maior número de alunos em EaD no Brasil (2006)

Universidade de Brasília — Centro de Educação a Distância — DF	75.683
Universidade do Norte do Paraná — PR	68.260
Serviço Social da Indústria (Sesi) — SP	55.746
Universidade Luterana do Brasil (Ulbra) — RS	50.167
Fundação Universidade do Tocantins (Unitins) — TO	40.154
Fundação Demócrito Rocha — CE	34.506
Faculdade de Tecnologia Internacional (Fatec Internacional) — PR	33.721
Faculdade de Tecnologia e Ciências (FTC) EaD — BA	26.517
Fundação Centro de Ciências e Educação Superior a Distância do Estado do Rio de Janeiro (Cecierj) — RJ	25.367
Centro Universitário Leonardo da Vinci (Uniasselvi) — SC	25.000

Quadro 2.6 Cursos a distância por tipo de curso

Total	Graduação	Tecnólogo e complementação pedagógica	Pós (*lato sensu*)	Mestrado	Extensão/ aperfeiçoamento/ qualificação	Técnico	EJA
889	165	40	246	1	272	66	99

Quadro 2.7 Número de cursos lançados por ano

1982	2
1985	2
1992	1
1994	1
1995	2
1996	1
1997	9
1998	1

2000	12
2001	7
2002	10
2003	61
2004	46
2005	108
2006	373

No Quadro 2.6, pode-se notar que a pós-graduação *lato sensu* e os cursos de extensão, aperfeiçoamento e qualificação são os mais oferecidos em EaD no Brasil, seguidos pelos cursos de graduação.

Se até bem pouco tempo a educação a distância limitava seu campo de ação aos Núcleos de Educação a Distância (Neads) ou aos laboratórios de pesquisa das Instituições de Ensino Superior (IES), hoje encontra-se cada vez mais institucionalizada, constituindo-se em parte indispensável no Plano de Desenvolvimento Institucional (PDI) das universidades.

A EaD é uma forma de ganhar escala, principalmente em regiões distantes geográfica e culturalmente, por meio do estabelecimento de parcerias entre as IES, que não apenas alcançam mais alunos como reduzem custos e investimentos em tecnologia, gestão administrativa e área acadêmica.

A EaD é ainda uma forma de conquistar o mercado corporativo que, por razões óbvias — como a redução de custos operacionais de treinamento em viagens e deslocamento de funcionários —, há um bom tempo já tinha descoberto que e-learning é sinônimo de e-business, e que, com o estabelecimento de parcerias entre empresas e universidades, é possível unir o útil ao agradável, fornecendo aos funcionários a certificação e o credenciamento dos cursos até então oferecidos livremente.

A própria formação de consórcios e redes entre IES, com a mesma concepção filosófica ou característica institucional, é resultado da necessidade de sobreviver e se manter competitivo no mercado. É alto o custo do desenvolvimento de projetos de EaD, e formar parcerias para reduzir os investimentos e potencializar o alcance é uma das maneiras de concretizar ideais. Prova disso é o aparecimento, nos últimos anos, de várias iniciativas, comos as descritas a seguir.

Cederj (http://www.cederj.edu.br)

Criado em 2000, como proposta para a formação de uma rede regional de EaD, o Consórcio Centro de Educação a Distância do Estado do Rio de Janeiro reúne universidades estaduais e federais. A iniciativa conta com o apoio e os recursos do governo estadual para a instalação de unidades de apoio e de infra-estrutura adequada de tutoria e equipamentos para o oferecimento, diretamente pelas IES responsáveis, de cursos e programas na área de licenciatura em pedagogia, ciências biológicas e pedagogia, credenciados pelo MEC.

UniRede (http://www.unirede.br/)

A Universidade Virtual Pública do Brasil reúne mais de 70 universidades federais, estaduais e municipais de todo o Brasil. Criada inicialmente com o propósito de democratizar o acesso ao ensino de qualidade por meio da EaD, nos níveis de graduação, pós-graduação, extensão e educação continuada, a UniRede vem oferecendo programas de capacitação de professores das IES associadas para o uso das NTICs e gestão da EaD, atendendo à demanda do MEC para a capacitação de professores do ensino fundamental e médio.

Projeto Veredas

Iniciativa da Secretaria de Educação do Estado de Minas Gerais, surgiu em 2000 o consórcio denominado Projeto Veredas, constituído por IES públicas, comunitárias e privadas, com o objetivo de formar professores leigos para atuar no ensino fundamental.

Ricesu (http://www.ricesu.com.br/)
Em 2001, nasceu a Rede de Instituições Católicas de Ensino Superior (CVA-Ricesu) para compartilhar esforços na organização e implementação de produtos de EaD, com foco na interação entre os agentes de aprendizagem e em busca de inovação educacional.

UVB (http://www.uvb.com.br)
Instituto Universidade Virtual Brasileira — Rede Brasileira de Educação a Distância fundada em 2000, sob a liderança e concepção da Universidade Anhembi Morumbi, formada pelas seguintes instituições: Universidade Anhembi Morumbi (SP), Unama (Pará), UNP (RN), Uniderp (MS), Unit (MG), Unicentro Newton Paiva (MG), Unimonte (Santos, SP), Unisul (SC), UVA (RJ) e UW (ES).

UAB (http://www.uab.mec.gov.br/)
Este é um bom exemplo para terminarmos este capítulo, já que a Universidade Aberta do Brasil vem sendo saudada por muitos entusiastas como o grande passo da EaD em nosso país. No próximo capítulo, falaremos mais dessa iniciativa.

Pedimos ao professor Vianney, um dos precursores e principais estudiosos da EaD no Brasil, que falasse um pouco nesse seu depoimento de como era e como está a EaD no Brasil, a fim de que pudéssemos absorver um pouco de sua vivência e da sua atual visão da EaD.

Desde a primeira oferta de um curso de graduação a distância no Brasil, em 1994, e até o ano de 2007, com a modalidade já estabelecida em todo o país, os registros de como a sociedade percebe a modalidade da EaD têm oscilado em função dos diferentes meios técnicos e das distintas abordagens metodológicas utilizadas. Nas pesquisas acerca da representação social da educação a distância realizadas nestes 13 anos, as respostas obtidas no meio educacional mostram que no início a comunidade acadêmica partilhava de uma caracterização que remetia ao modelo do ensino por correspondência com um olhar de soslaio. Um misto de desconhecimento e de desconfiança eram a tônica da Academia.

No período de 1997 a 1999, com a Secretaria de Educação a Distância do Ministério da Educação em operação, principalmente com os projetos TV Escola e a incorporação do programa *Salto para o Futuro*, a representação dominante passou a ser a do telensino, remetendo ora aos programas veiculados pelo MEC, ora aos modelos de telecursos originados nas décadas de 1970 e 1980. O entendimento da Academia era o de aprovação a esses modelos de teleducação, pelas características inclusiva e de caráter supletivo que os produtos propiciavam.

Ao redor do ano 2000, com a Internet em disseminação crescente, a representação social colhida pela Academia registrava os primeiros indícios de uma educação a distância no ensino superior tida como universidade virtual, agregando ao conceito possibilidades de intercomunicação plena entre os agentes tutor e aluno, acesso a bases bibliográficas remotas, democratização do acesso e redução de custos. Um ar de expectativa e de otimismo caracterizou por essa quadra a relação entre a educação a distância no ensino superior e o ambiente acadêmico.

O período de 2001 a 2005 registrou um crescimento exponencial de um quarto modelo de educação a distância, marcado pelo hibridismo entre a teleducação, com a geração de aulas via satélite para recepção em telessalas em todo o país, e a criação de núcleos de apoio presencial nos locais de recepção, com a oferta de tutoria presencial nesses locais aos alunos matriculados em cursos oferecidos com essa configuração. Assim, em vez de a EaD ser oferecida por grupos de profissionais especializados de uma ou outra instituição, passou a ser entendida como uma *commodity* educacional, com a possibilidade da multiplicação em franquias locais para replicação do modelo.

Uma quinta forma de oferta para educação a distância foi organizada de acordo com experimentos nas universidades federais e estaduais, com a criação de pólos de apoio em municípios do interior do país para a oferta de cursos de graduação. Essas unidades de apoio, criadas com respaldos financeiro e administrativo de prefeituras, vinculam-se a uma ou mais universidades públicas que ali oferecem determinados cursos, ora com o deslocamento de professores tutores das próprias instituições para atender localmente aos alunos em sessões de tutoria, ora com a contratação de tutores da própria comunidade atendida, com o pagamento de bolsas de trabalho. A reação da Academia ao quarto e quinto modelos tem sido a de um retorno à representação da metade da década de 1990, de certa desconfiança da efetividade na aprendizagem.

Porém, os alunos matriculados em cursos por educação a distância, alheios às discussões acadêmicas, e independentemente do modelo de EaD em que estejam envolvidos, apresentam uma representação social utilitária para caracterizar com suas próprias palavras a educação a distância no ensino superior no Brasil. Para os alunos, a educação a distância é definida pelos elementos determinantes pelos quais ele caracteriza a modalidade: ela lhes oferece oportunidade única de ingresso no ensino superior por criar condições flexíveis nas formas de ingresso, de horários e de locais de estudo, permitindo associar economia nos cursos e compatibilidade entre o cursar o ensino superior e seguir com os compromissos de trabalho e de família. Os depoimentos dos alunos oscilam desde a conquista profissional, na qual um diploma se torna um passaporte para o futuro, até a da dignidade pessoal, em que o diploma representa tão-somente um título para o relacionamento social no patamar de inclusão pretendido pelo aluno.

O debate acadêmico carece ainda de substância para caracterizar uma assertividade pela ausência de séries históricas de dados com avaliações de alunos, de cursos e de egressos de carreiras ofertadas pela educação a distância. Essa falta de alicerce para a discussão está refletida nas sucessivas mudanças de legislação ocorridas no período, que por vezes liberam a atuação das instituições de ensino superior para atuar com EaD; por outras, a restringem.

João Vianney
Diretor da UnisulVirtual — campus de educação a distância da Universidade do Sul de Santa Catarina (Unisul); doutor em Ciências Humanas pela Universidade Federal de Santa Catarina (UFSC). É autor dos livros *O ensino superior virtual na América Latina*;[38] *A universidade virtual no Brasil*;[39] e co-autor dos livros *Avaliação Online*[40] e *Educação Online*.[41]

Notas

1. Disponível em: <http://www.open.ac.uk/>. Acesso em: 31 maio 2007.
2. Disponível em: <http://www.cned.fr/>. Acesso em: 31 maio 2007.
3. Disponível em: <http://www.uned.es/portal/>. Acesso em: 31 maio 2007.
4. Disponível em: <http://www.univ-ab.pt/>. Acesso em: 31 maio 2007.
5. Disponível em: <http://www.fernuni-hagen.de/>. Acesso em: 31 maio 2007.
6. Disponível em: <http://www.anadolu.edu.tr/>. Acesso em: 31 maio 2007.
7. Disponível em: <http://www.crtvu.edu.cn/>. Acesso em: 31 maio 2007.
8. Disponível em: <http://www.ut.ac.id/>. Acesso em: 31 maio 2007.
9. Disponível em: <http://www.ignou.ac.in/>. Acesso em: 31 maio 2007.
10. Disponível em: <http://www.stou.ac.th/>. Acesso em: 31 maio 2007.
11. Disponível em: <http://www.knou.ac.kr/engknou/>. Acesso em: 31 maio 2007.
12. Disponível em: <http://www.pnu.ac.ir/>. Acesso em: 31 maio 2007.
13. Disponível em: <http://www.unisa.ac.za/>. Acesso em: 31 maio 2007.
14. PETERS, Otto. *A educação a distância em transição:* tendências e desafios. Trad. Leila Ferreira de Souza Mendes. São Leopoldo, RS: Unisinos, 2004, p. 43.
15. Disponível em: <http://www.icde.org/>. Acesso em: 31 maio 2007.
16. Disponível em: <http://www.eadtu.nl/>. Acesso em: 31 maio 2007.
17. Disponível em: <http://www.eden-online.org/>. Acesso em: 31 maio 2007.
18. Disponível em: <http://www.europace.org/>. Acesso em: 31 maio 2007.
19. Disponível em: <http://www.aaou.net/>. Acesso em: 31 maio 2007.
20. Disponível em: <http://odlaa.une.edu.au/>. Acesso em: 31 maio 2007.
21. Disponível em: <http://www.institutomonitor.com.br>. Acesso em: 16 jul. 2007. Um trabalho muito bonito, repleto de fotos e acompanhado de um CD com depoimentos, é o livro *Instituto Monitor: memórias do ensino a distância no Brasil: 1939/2005*, publicado em 2006 pelo próprio Instituto Monitor.
22. Disponível em: <http://www.institutouniversal.com.br>. Acesso em: 16 jul. 2007.
23. Disponível em: <http://www.meb.org.br/>. Acesso em: 16 jul. 2007.
24. Disponível em: <http://www.ibam.org.br/publique/cgi/cgilua.exe/sys/start.htm>. Acesso em: 16 jul. 2007.
25. Disponível em: <http://www.inpe.br/>. Acesso em: 16 jul. 2007.
26. Disponível em: <http://www.telecurso2000.org.br/>. Acesso em: 16 jul. 2007.
27. 'EaD.br' é o nome dado pela autora deste livro a duas de suas obras. A primeira é de 2000 e intitula-se: *EaD.br:* educação a distância no Brasil na era da Internet; a segunda, de 2003, intitula-se: *EaD.br:* experiências inovadoras em educação a distância no Brasil: reflexões atuais em tempo real.
28. Disponível em: <http://www.cead.unb.br/>. Acesso em: 16 jul. 2007.
29. Disponível em: <http://portal.mec.gov.br/seed/arquivos/pdf/tvescola/leis/lein9394.pdf>. Acesso em: 31 maio 2007.
30. Disponível em: <http://www.escolanet.com.br/legislacao/legislacao_e.html>. Acesso em: 16 jul. 2007.
31. Disponível em: <http://portal.mec.gov.br/sesu/arquivos/pdf/EAD.pdf>. Acesso em: 20 jul. 2007.
32. Idem.
33. Disponível em: <http://www.in.gov.br/materias/xml/do/secao1/2520379.xml>. Acesso em: 18 jul. 2007.
34. Disponível em: <http://portal.mec.gov.br/seed/index.php?option=content&task=view&id=61&Itemid=190>. Acesso em: 31 maio 2007.
35. Disponível em: <http://www2.abed.org.br/>. Acesso em: 16 jul. 2007.

36 Disponível em: <http://portal.mec.gov.br/seed/>. Acesso em: 16 jul. 2007.
37 Adaptada e ampliada a partir de: VIANNEY, João; TORRES, Patricia; SILVA, Elizabeth. *A universidade virtual no Brasil:* o ensino superior a distância no país. Tubarão: Unisul, 2003, p. 21-22.
38 VIANNEY, João. *O ensino superior virtual na América Latina.* Santa Catarina: Unesco/Champagnat, 2005.
39 VIANNEY, João; TORRES, Patricia; SILVA, Elizabeth. *A universidade virtual no Brasil,* cit.
40 _____. "Avaliação da aprendizagem na educação a distância: reflexões a partir da experiência da UnisulVirtual". *Avaliação Online.* São Paulo: Loyola, 2006.
41 _____. "Internet quer dizer moderno, não sabia?". *Educação Online.* São Paulo: Loyola, 2003.

3 Modelos de EaD

Já exploramos a definição de educação a distância e traçamos um breve histórico da EaD no Brasil e no mundo. Entretanto, como vimos nos capítulos anteriores, há uma variedade de coisas sob a sigla EaD. Neste capítulo, analisaremos essas diferenças, ou seja, os diferentes setores onde se pratica EaD, as diversas atividades envolvidas em educação a distância, as modalidades de EaD, os diferentes participantes do mercado e os diferentes cursos oferecidos.

3.1. Educação fundamental básica

Ao contrário do que muita gente imagina, a educação a distância é também utilizada na educação básica.

Nos países de língua inglesa, como os Estados Unidos, o Reino Unido, o Canadá, a Austrália e a Nova Zelândia, é forte o movimento de *home schooling, home study* ou *home education*, em que as crianças são educadas em casa por pais ou tutores, ou seja, sem freqüentar escolas. A educação em casa pode ser guiada por uma filosofia pedagógica mais livre, mas muitas escolas oferecem um currículo definido, material didático (em geral impresso), padrões de tempo para que o conteúdo seja ministrado, avaliações e inclusive algumas atividades presenciais, cumprindo assim os requisitos legais para que uma criança seja educada a distância nesses países.

Nos Estados Unidos, é também crescente a oferta de cursos a distância, em geral on-line, para alunos de *high school* (que corresponde ao nosso ensino médio), a ponto de já existirem publicações específicas para a área: *Bears' guide to earning high school diplomas nontraditionally: a guide to more than 500 diploma programs and schools* (desde 2003)[1] e *Complete guide to online high schools: distance learning options for teens & adults*,[2] ambas de Thomas Nixon.

A educação a distância pode ser utilizada, com restrições, na educação básica no Brasil, que inclui o ensino fundamental (até 14 anos) e médio (de 15 a 17 anos), e a educação de adultos nesses níveis. As instituições que oferecem educação de jovens e adultos (EJA) no ensino fundamental, médio, e mesmo profissional de nível técnico, devem ser credenciadas pelos conselhos estaduais de educação. Instituições de destaque no cenário nacional nessas modalidades, pelo número de alunos que atendem, são: o Sesi (Serviço Social da Indústria) e a Fundação Bradesco, que atuam na educação de jovens e adultos, e a Fundação Demócrito Rocha, que oferece cursos técnicos.

3.2. Ensino superior

A maior concentração de cursos credenciados a distância no Brasil ocorre, entretanto, no ensino superior.

Mesmo os cursos superiores mais técnicos podem funcionar a distância, utilizando, por exemplo, laboratórios próximos ao local de residência do estudante. Perde-se em convívio social e humano, sem dúvida, mas isso é compensado de diversas formas: algumas instituições só abrem suas classes a distância quando é formado um grupo de estudos em determinada região, o qual se reunirá com certa freqüência e até mesmo receberá periodicamente a visita de alguns professores; outras instituições exigem que parte das atividades seja realizada no seu campus.

Já abordamos brevemente a história da EaD no ensino superior em nosso país. São hoje credenciados no Brasil cursos superiores a distância nas seguintes modalidades: seqüenciais, tecnológicos, graduação e pós-graduação.

Entre as instituições que, hoje, atendem o maior número de alunos a distância em nosso país, destacam-se a Universidade de Brasília (UnB) — que no ano de 2006 tinha mais de 75 mil alunos matriculados —, a Universidade Norte do Paraná (Unopar) — que chegava a quase 70 mil alunos matriculados — e a Universidade Luterana do Brasil (Ulbra) — que passava de 50 mil.

3.3. Universidades abertas

As Open Universities, ou universidades abertas, são outro modelo de EaD para o ensino superior, o que deu origem à expressão '*open and distance learning*' ('aprendizagem aberta e a distância'). 'Aberta', nessa expressão, tem sentido bastante amplo, envolvendo a abertura a pessoas, lugares, tempo, métodos e conceitos.

As características gerais das universidades abertas, como a Open University britânica, são:

- qualquer pessoa pode se matricular, independentemente da educação prévia;
- os alunos podem começar os cursos a qualquer momento;
- o estudo é feito em casa ou em qualquer lugar que o aluno escolha;
- os materiais dos cursos são desenvolvidos por uma equipe;
- é oferecida tutoria;
- a empresa da universidade aberta é nacional em escopo;
- a universidade matricula um grande número de alunos e utiliza economia de escala.[3]

Daniel e Mackintosh[4] destacam quatro elementos-chave para o sucesso operacional do modelo das universidades abertas:

> 1) materiais de estudo multimídia de excelente qualidade, que são planejados e elaborados por equipes com múltiplas habilidades, para promover o aprendizado independente e autônomo;

2) suporte individualizado fornecido aos estudantes por professores com treinamento especial no trabalho com adultos, para complementar os recursos de aprendizagem que são uniformes para todos os estudantes;

3) boa logística e administração para garantir aos estudantes uma elevada qualidade nos serviços;

4) professores ativamente envolvidos com pesquisa para manter o estímulo intelectual que os estudantes consideram benéfico e atrativo para seu aprendizado.

Fornecer educação decente para todos é um dos grandes desafios morais da nossa era, e nesse sentido pode-se afirmar que os modelos das universidades abertas conseguem superar esse desafio ao combinar a qualidade na educação, a redução de custos e o serviço a um número elevado de alunos. Em geral, consideram-se universidades abertas aquelas que atendem mais de 100 mil alunos, mas algumas, como a Anadolu na Turquia e a Central Radio and TV University na China, chegam a atender mais de 500 mil estudantes. Assim, as universidades abertas conseguem oferecer um ensino de qualidade para pessoas que não poderiam estudar de outra maneira. Entretanto, mesmo sendo reconhecidamente um modelo de negócios que deu certo, países como os Estados Unidos e a Austrália, por exemplo, não o adotaram.

As universidades abertas consolidaram também a idéia de que uma instituição, e não um professor isolado, ensina tanto a grupos quanto a indivíduos, por meio de sistemas de aprendizado sofisticados e divisões de trabalho inovadoras. Essas universidades desenvolvem a cultura do trabalho e da pesquisa em equipe, garantindo assim boa qualidade tanto no ensino quanto na pesquisa, objetivos associados à própria idéia de universidade. Além disso, oferecem também um sistema distribuído de tutoria, procurando atender às necessidades cognitivas, afetivas e administrativas de seus alunos, mantendo, por isso, um número reduzido de alunos para cada tutor.

Como já vimos, as universidades abertas surgiram em uma fase posterior à educação por correspondência e anterior à EaD on-line, de modo que utilizaram inicialmente material impresso, além de rádio, televisão, cassetes e vídeos como suas mídias principais.

A Universidade Aberta do Brasil (UAB), entretanto, desde seu nascimento tende a combinar diversos materiais, como impressos, áudios, vídeos, multimídia, Internet e videoconferências. O sistema Universidade Aberta do Brasil foi criado em 2005 e oficializado pelo Decreto n. 5.800 (de 8 de junho de 2006) como um consórcio de Instituições Públicas de Ensino Superior, Estados e Municípios, coordenado pela Secretaria de Educação a Distância do Ministério da Educação. Segundo o decreto, seus objetivos principais são:

I — oferecer, prioritariamente, cursos de licenciatura e de formação inicial e continuada de professores da educação básica;

II — oferecer cursos superiores para capacitação de dirigentes, gestores e trabalhadores em educação básica dos Estados, do Distrito Federal e dos Municípios;

III — oferecer cursos superiores nas diferentes áreas do conhecimento;

IV — ampliar o acesso à educação superior pública;

V — reduzir as desigualdades de oferta de ensino superior entre as diferentes regiões do país;

VI — estabelecer amplo sistema nacional de educação superior a distância; e

VII — fomentar o desenvolvimento institucional para a modalidade de educação a distância, bem como a pesquisa em metodologias inovadoras de ensino superior apoiadas em tecnologias de informação e comunicação.[5]

A oferta de cursos de educação a distância por meio da UAB começou com um projeto piloto, em março de 2006, contendo um curso de administração, e o programa Pró-Licenciatura, que atende estudantes de licenciatura, principalmente professores da rede pública de educação básica sem formação superior.

Para muitos, a UAB será um marco na história da EaD brasileira.

Pedimos a Ronaldo Mota, atual secretário da Secretaria de Educação Superior (Sesu), que nos fornecesse um breve comentário sobre a atuação da Seed e a criação da universidade aberta.

O Brasil do século XXI é desafiado por um recorrente quadro nacional de problemas socioeconômicos, os quais se refratam em variados matizes de assimetrias sociais e regionais. Foram cinco séculos de história sob a forja da desigualdade de distribuição de renda e de oportunidades para a população, resultando em um diagrama social que demanda ações imediatas e intensivas por parte do Poder Público, em especial no âmbito de políticas públicas voltadas para o desenvolvimento nacional sustentável, em todas as suas dimensões, mas de maneira ainda mais particular no campo da educação.

Dois grandes temas principais têm ocupado a agenda do Ministério da Educação: a democratização do acesso e a qualidade da educação no Brasil, refletidos na criação do Fundo de Manutenção e Desenvolvimento da Educação Básica (Fundeb), que permitirá estender os benefícios do financiamento público perene e substantivo a todas as etapas da educação básica, o que é fundamental para a garantia da universalização do atendimento, e, até mesmo, estender ao ensino médio; e ainda a expansão da educação superior, com qualidade, que promove inclusão social pela educação e com visão de território nacional, fazendo da educação, em todos os níveis, fundamental ferramenta de enfrentamento de desigualdades regionais e sociais.

Em relação à expansão da oferta da educação superior, o biênio 2005/2006 conclui o primeiro século de história da educação a distância no Brasil e representa o divisor de águas para o forte desenvolvimento e expansão do setor nesses dois anos. Com efeito, concomitantemente ao décimo aniversário da Lei de Diretrizes e Bases da Educação, que propiciou a abertura legal para a modalidade de educação a distância, tem-se, no país, um fértil terreno para o desenvolvimento de boas e imprescindíveis iniciativas nessa área, inclusive a melhoria da qualidade da educação no Brasil, levando-se em conta os vieses de inovações educacionais permitidas pelas tecnologias de informação e comunicação, pela inclusão digital, bem como pelas novas tendências para a modalidade de educação a distância.

A Secretaria de Educação a Distância do Ministério da Educação tem sido a principal responsável por uma importante ação do Ministério da Educação: o Programa Universidade Aberta do Brasil, construído com estreita colaboração entre as três esferas de governo, as instituições de educação superior e a sociedade civil, e será um marco na solução definitiva do problema da carência de professores na educação básica, bem como na democratização do acesso dos jovens à educação superior pública, gratuita e de qualidade.

Nesse aspecto, teve papel 'transversal' a Secretaria de Educação a Distância, que tem materializado a ponte simbólica entre a produção do conhecimento acadêmico e seus benefícios, considerando-se o aporte de tecnologias à escola básica que proporcionará, certamente, a ligação entre os desafios do presente para um futuro melhor.

Com efeito, temos reiterado que as ações da atual gestão do Ministério da Educação têm consolidado uma visão sistêmica da educação, que engloba diversos aspectos da política educacional, desde o ensino básico até a pós-graduação, perpassando todos os níveis e etapas, principalmente no que diz respeito à formação, em nível superior, dos profissionais que atuarão na educação básica. Desse modo, temos superado as falsas e equivocadas oposições entre esses níveis educacionais, permitindo maior interlocução com a sociedade civil.

Assim, é com orgulho que teço considerações sobre os temas associados a esta obra, que nos propicia importante reflexão acerca de um novo escopo das novas tecnologias para a melhoria da qualidade da educação.

Ronaldo Mota é secretário de Educação Superior (Sesu) e ex-secretário da Secretaria de Educação a Distância (Seed).

3.4. Universidades virtuais

Algumas instituições, que nasceram especificamente para ministrar cursos a distância on-line, são denominadas universidades virtuais. Elas não precisam de campus e podem funcionar em uma simples sala, com poucos colaboradores. Sua oferta é apenas de cursos cem por cento a distância, ou seja, elas se diferenciam das universidades presenciais que, posteriormente, passaram a praticar EaD. Nesse sentido, pode-se imaginar como as visões e missões, os projetos e a organização das *click universities* são totalmente distintos das *brick universities* (universidades de tijolo).

No Brasil, o instituto Universidade Virtual Brasileira (UVB) é um exemplo de universidade virtual. Apesar de ter sido formada por meio de um consórcio de diversas universidades presenciais, que possuem campi em diferentes Estados do país, seu credenciamento foi feito apenas para a oferta de cursos cem por cento virtuais, ou seja, a UVB não oferece cursos presenciais e não possui um campus, sendo administrada em um andar de um prédio por poucas pessoas.

O autor deste livro aprendeu, no período em que trabalhou como tutor na UVB, que os professores de universidades virtuais precisam se reunir com muito mais freqüência do que os professores de cursos presenciais, para discutir o rendimento e a dificuldade dos alunos, manter a coesão entre as disciplinas que estão sendo ministradas durante o semestre, planejar avaliações e assim por diante. Em cursos presenciais, os alunos e os professores se encontram com freqüência em sala de aula e mesmo em outros ambientes da instituição, o que proporciona a solução de várias dúvidas, dentro e mesmo fora da sala de aula. Os encontros quinzenais que o autor tinha na UVB permitiam que, de alguma maneira, a coerência entre o discurso dos professores fosse mantida; a coesão entre as disciplinas, os professores e os alunos também fosse preservada; e o projeto pedagógico fosse continuamente repensado.

3.5. Fordismo, neofordismo e pós-fordismo

Otto Peters, um dos fundadores e primeiro reitor da Universidade a Distância da Alemanha, a FernUniversität, é internacionalmente reconhecido por seus estudos sobre EaD. Peters acompanhou de perto as duas grandes 'ondas' do ensino superior a distância; a primeira, dos anos 60 a 80, que resultou na criação de várias universidades a distância, e a mais recente, a partir dos anos 90, resultante da expansão das redes informatizadas, principalmente da Internet. Em obras como *Didática do ensino a distância*[6] e *A educação a distância em transição*,[7] ambas traduzidas para o português, ele sintetiza e conjuga as principais descobertas feitas nestas últimas décadas nesse campo de estudos, analisando em detalhe a transição do ensino industrializado (fordismo) para o ensino pós-moderno (pós-fordismo).

Para Peters, a educação a distância, sobretudo nas décadas de 1960 e 1970, possuía características industriais, com divisão de trabalho, economia de escala e processos de produção típicos das indústrias. Os primeiros interessados no ensino a distância foram empresários que queriam ganhar dinheiro, não necessariamente educar. Teria ocorrido, então, uma revolução nos métodos de ensino e aprendizagem, por meio da divisão e do planejamento do trabalho, tendo o ensino se tornado mecanizado (e mais tarde automatizado), padronizado, normatizado, formalizado, objetivado, otimizado e racionalizado. O ensino torna-se, em suma, industrializado, produzido e consumido em massa, pela alienação tanto do docente quanto do discente, e pela utilização de uma linguagem não contextualizada, para o que contribui decisivamente o modelo da Open University inglesa. Esse modelo fordista, para Peters, deveria ser considerado ultrapassado.

O neofordismo envolveria alta inovação no produto e alta variabilidade nos processos, mas ainda pouca responsabilidade dos empregados. Não são mais, portanto, produzidos grandes cursos, mas sim cursos menores que possam ser atualizados constantemente.

O pós-fordismo, por fim, agregaria à alta inovação na produção e à alta variabilidade nos processos alto nível de responsabilidade no trabalho. Os cursos são agora produzidos *on demand* e *just in time*. A divisão do trabalho é, no limite, eliminada. Os cursos, dessa maneira, poderiam ser produzidos e adaptados rapidamente. Peters afirma, nesse sentido:

> Isso, por sua vez, obrigaria as universidades a distância a modificarem igualmente seus processos de trabalho. Em lugar do desenvolvimento e produção na base da divisão do trabalho e sob controle central, seriam formados pequenos grupos de trabalho descentralizados, com responsabilidade própria pelo desenvolvimento de suas propostas específicas de ensino, sendo, por isso, dotados de maior autonomia — também para fora.

Mas o que é ainda mais importante: as formas clássicas de ensino e aprendizagem no ensino a distância (cursos padronizados, assistência padronizada) deveriam ser substituídas ou complementadas por formas mais flexíveis quanto a currículo, tempo e lugar (variabilidade dos processos). Conceitos como estudo autônomo, trabalho autônomo no ambiente de aprendizagem digital, teleconferência, aconselhamento pessoal intensivo, estudo por contrato e combinação e a integração de formas do ensino com presença indicam em que direção poderia ir o desenvolvimento. Isso equivaleria a uma revolução (Peters, 2001:208).

E continua, mais à frente:

Como a exagerada divisão do trabalho é revogada e se busca a descentralização, as clássicas equipes de desenvolvimento de cursos já não têm mais razão de ser. Em seu lugar são desenvolvidos cursos variáveis e de curta duração por grupos de trabalho em áreas especializadas e de trabalho com responsabilidade própria. Os professores universitários integram esses pequenos grupos de trabalho, que passam a ser responsáveis por todas as etapas de seus cursos, não apenas pelo planejamento e o design como também pela produção, distribuição, avaliação e pelo acompanhamento continuado do curso. Para isso também deveriam dominar técnicas de produção na área gráfica e de vídeo, o que, inclusive, é facilitado por modernos meios técnicos [...]. Enquanto que até agora os meios técnicos tendiam a favorecer a divisão do trabalho no ensino, com esses novos meios eletrônicos as operações podem ser novamente reunidas (Peters, 2001:213-4).

Portanto, se no fordismo o professor não produz o material que deve utilizar em suas atividades de ensino, no neo e pós-fordismo o professor é o autor do próprio material que utiliza como tutor. Enquanto o fordismo estaria associado ao behaviorismo, o neofordismo e o pós-fordismo estariam associados ao construtivismo. O fordismo em EaD é um sistema formalizado de produção, monitorado, mantido e controlado como em uma fábrica; já os modelos posteriores estão associados à idéia de uma administração descentralizada, democrática e participativa.

Para Simonson et al. (Simonson, 2003:50-1), a continuação do modelo fordista em EaD tornou-se inviável porque: a) os mercados mudaram, reduzindo a demanda para a instrução centralmente produzida para a educação de massa; b) o modelo fordista é incapaz de se adaptar às necessidades de uma sociedade em rápida mutação; c) o foco na produção instrucional e no uso sistemático de currículos pré-programados é incompatível com níveis mais altos de qualidade em educação. Com a competição acirrada, a diversificação na demanda e o desenvolvimento intenso e rápido das tecnologias da comunicação e da informação, o modelo fordista, que pressupõe um mercado uniforme para suportar a produção em massa, tornou-se inapropriado. Em conseqüência, declinaram a sua eficiência e a relação custo-benefício supostamente positiva.

O 'ensino pós-moderno a distância', vislumbrado por Peters, coloca em dúvida praticamente todos os pressupostos da educação, e talvez só tenha condições de se estabelecer em novas instituições de ensino, marcadas desde o seu nascimento por princípios radicalmente flexíveis e inovadores. Voltaremos ao tema.

3.6. Universidade corporativa

Você já deve ter ouvido falar que a gestão do conhecimento tornou-se essencial no planejamento estratégico das empresas. A 'organização que aprende' é um conceito cada vez mais comum, na teoria e na prática da administração de empresas. E convém lembrar que o aprendizado, mesmo o adquirido em uma universidade, torna-se rapidamente obsoleto.

Diversas empresas, nesse sentido, criaram suas universidades corporativas, que diferem dos clássicos departamentos de treinamento, pois ampliaram significativamente seu nível de atuação, modificaram seus métodos e conteúdos oferecidos e passaram, inclusive, a oferecer cursos com certificação acadêmica. Os Estados Unidos são o país onde esse fenômeno mais se desenvolveu, a partir da década de 1990. Já existem empresas de referência como Toyota, Sun, Motorola, IBM e McDonald's (com a Universidade do Hambúrguer), que constituíram universidades corporativas, e existem também inúmeros livros publicados em inglês sobre o tema.

Mark Allen, que em 2002 definiu a universidade corporativa em seu *The corporate university handbook* como "uma entidade educacional que é uma ferramenta estratégica projetada para assistir sua organização-mãe a atingir sua missão, conduzindo atividades que cultivem aprendizado individual e organizacional, conhecimento e sabedoria",[8] publicou recentemente um novo livro em que já fala de uma segunda geração de universidades corporativas.[9]

O mercado para a educação corporativa é bastante amplo, e praticamente todos os projetos de educação corporativa utilizam a EaD, especialmente a EaD on-line (tanto que a palavra 'e-learning' tornou-se quase sinônimo de EaD corporativa), apesar de muitas soluções misturarem também atividades presenciais.

Há inúmeras vantagens na utilização do e-learning pelas empresas. Uma delas é a economia, tanto para a organização quanto para o funcionário, pois além de se aproveitar a infra-estrutura tecnológica da própria empresa, o número de alunos e seu perfil podem ser previstos com certa exatidão, o que facilita o planejamento dos cursos. Pode-se também, por exemplo, alcançar o funcionário-aluno onde ele estiver, na matriz, na filial ou em viagens em qualquer lugar do mundo, superando assim as barreiras geográficas. Além disso, o funcionário-aluno usufrui do benefício da flexibilidade de tempo que a EaD assíncrona oferece, superando assim a falta de tempo para estudar — comum para quem trabalha. Com a EaD, portanto, as empresas conseguem não só aumentar sua produtividade e competitividade como também atrair e manter funcionários.

Os cursos, que podem ser obrigatórios ou eletivos, são em geral oferecidos para os funcionários diretos das empresas, e todos os níveis hierárquicos podem ser atingidos pela educação on-line corporativa: operacional, supervisão, gerência, diretoria e presidência. Mas os cursos podem também ser oferecidos para prestadores de serviços, fornecedores, parceiros, clientes e demais *stakeholders* da organização, até mesmo agências governamentais. A universidade corporativa pode educar em diversos níveis de formação: formação básica, formação profissionalizante, treinamento, aperfeiçoamento, extensão, graduação, especialização e pós-graduação, desenvolvendo dessa forma habilidades práticas e administrativas de seus funcionários. Pode também educar sobre seus próprios serviços e produtos, promovendo sua cultura corporativa, reforçando sua marca e mantendo relacionamento com seus clientes, que em muitos casos têm direito aos serviços sem custo.

Algumas universidades corporativas são na verdade unidades de negócios internas das próprias empresas, enquanto outras são subsidiárias e centros de lucro para suas organizações. Existem empresas que chegam a oferecer treinamentos a distância específicos para pequenas e médias empresas, e ainda para indústrias, e muitas universidades têm também definido como seu novo foco o adulto que trabalha.

Exemplos de projetos de destaque em educação corporativa no Brasil são: Académie Accor Latin America, Abbott Laboratórios do Brasil, Pão de Açúcar e bancos como ABN Amro Real, Bradesco e Banco do Brasil.

Possuímos uma Associação Brasileira de Treinamento e Desenvolvimento (ABTD) e uma Associação Brasileira de Educação Corporativa (Abec), que têm coordenado as importantes oficinas de educação corporativa, com o apoio do Ministério do Desenvolvimento da Indústria e Comércio Exterior (MDIC). Este, por sua vez, pela Secretaria de Tecnologia Industrial, tem investido e apoiado as atividades de educação corporativa no nosso país, em conjunto com o Ministério da Educação e o Ministério do Trabalho e Emprego. O MDIC mantém, por exemplo, o Portal da Educação Corporativa,[10] e patrocinou o importante relatório "Educação Corporativa no Contexto da Política Industrial, Tecnológica e de Comércio Exterior", assinado por Afrânio Carvalho Aguiar em 2006.[11]

Em todos esses projetos de educação corporativa, a EaD desempenha um papel essencial.

Uma referência importante para quem se interessa por EaD corporativa, produzida em português, é o livro *Educação corporativa: desenvolvendo e gerenciando competências*,[12] organizado por Fátima Bayma e editado pela Pearson, que explora vários casos de uso de EaD em corporações no Brasil.

3.7. Fornecedores de EaD

Convém lembrar que não são apenas os designers instrucionais, os professores, os monitores e os alunos/funcionários que compõem o mercado de educação a distância; não podemos esquecer dos fornecedores de serviços e produtos, que incluem as empresas que promovem treinamento; produzem e vendem softwares, material didático, conteúdo e cursos; prestam consultoria; oferecem hospedagem e serviços de logística; fornecem equipamentos e materiais etc. O Anuário Brasileiro Estatístico de Educação Aberta e a Distância (Abraed) reserva, há dois anos, um capítulo especial para essas empresas.

No Brasil, a maior parte dessas empresas (pequenas e médias) possui menos de cinco anos de existência. Esse mercado é otimista e espera crescimento em suas vendas nos próximos anos, por isso pretende também aumentar seus investimentos no setor.

Como exemplos de fornecedores para EaD no Brasil podem ser citadas as empresas Cadsoft — especializada em softwares acadêmicos —, Ciatech — que desenvolve cursos e fornece diversos produtos e serviços para e-learning —, Micropower — representante no Brasil dos softwares Lectora e Articulate, que também oferece diversas soluções para EaD — e Triunfus — que produz disciplinas e oferece consultoria em gestão de projetos para EaD.

Uma seleção meticulosa dos fornecedores, e de quais produtos e serviços serão terceirizados ou produzidos pela própria instituição, definirá o modelo e a qualidade de um projeto de EaD. Nesse sentido, Oblinger e Rush[13] apresentam uma série de produtos e serviços, além de treinamento e educação, que podem ser terceirizados por instituições que trabalham com EaD, e avaliam várias empresas fornecedoras desses produtos e serviços: admissões on-line; e-commerce para estudantes; departamentos de compras (e-procurement); bibliotecas virtuais; materiais suplementares para alunos; livros customizados, impressos por encomenda (*print-on-demand*) e e-books; monitoria e tutoria; provas e avaliações; financiamento etc. Com a oferta disponível hoje, é possível terceirizar praticamente a operação completa de educação a distância.

3.8. Treinamento governamental

A EaD tem sido utilizada também, com bastante sucesso, em treinamentos realizados em instituições governamentais, nos níveis municipal, estadual e federal. No Brasil, alguns exemplos de instituições governamentais que possuem projetos de educação que utilizam EaD são: Tribunal de Contas da União, Secretaria da Fazenda do Estado de Pernambuco, Marinha, Serviço Federal de Processamento de Dados (Serpro) e o Governo do Estado de São Paulo, com a Rede do Saber, voltada para a educação continuada de seus profissionais de ensino e o reforço escolar de seus alunos.

3.9. Outros exemplos

Por fim, a EaD pode ser utilizada em cursos abertos e livres, voltados a um público variado, que não estão diretamente ligados ao Sistema de Ensino oficial. Exemplos de destaque no uso de EaD no Brasil, nesses casos, são: Brasil Telecom e Vale do Rio Doce (com a formação de funcionários, colaboradores e fornecedores), Senac (com o Centro Nacional de Educação a Distância — Cead, que oferece cursos de extensão e de formação inicial de trabalhadores), Senai, Sebrae, CIEE, Fundação Bradesco, Fundação Roberto Marinho e o Oi Futuro (antigo Instituto Telemar), em parceria com a Escola do Futuro, que em 2006 superava a incrível marca de 500 mil alunos matriculados em diversos Estados, oferecendo cursos de inclusão educacional e digital ministrados pelo projeto 'Tonomundo'.

3.10. Design instrucional

Em um sentido mais restrito, o design de um curso a distância pode ser entendido como o cuidado com a organização visual das informações, que é em geral crítica para o bom resultado do processo de aprendizagem do aluno. Nesse sentido, o designer deve se preocupar com o tipo de fonte, o número de palavras por linha, o número de linhas por página, os espaços em branco, a escolha e o posicionamento das ilustrações e imagens, o áudio, as animações e os vídeos, e assim por diante.

Todavia, é função do designer também pensar didaticamente como o conteúdo deverá ser percorrido pelo aluno: de maneira necessariamente linear, com a possibilidade de o aluno 'pular' conteúdo, com liberdade em determinado módulo, ou de maneira totalmente livre. O designer pode ainda refletir sobre o controle e a autonomia do aluno, planejar a interação do curso e o acesso ao material, escolher as tecnologias a serem utilizadas e até mesmo se envolver com o custo do projeto.

Antes de se conceber o modo como o curso vai se apresentar e como ele deverá funcionar, há uma série de elementos críticos que devem ser levados em consideração: as características da audiência, a dispersão geográfica da audiência, as tecnologias disponíveis para a audiência, os objetivos dos estudantes, os objetivos e as missões da instituição de ensino, o custo que precisa ser recuperado, os custos da oferta do serviço, o ambiente político no momento para a instituição de ensino, a remuneração dos professores e a competição no mercado. Todos esses fatores entram em jogo no design de um curso a distância antes que se conduza uma análise instrucional ou de seu conteúdo.[14]

Nesse sentido, o conceito de 'design' (ou desenho) pode ser concebido, de maneira bem mais ampla, como o projeto instrucional, educacional, pedagógico ou didático de um curso. O design instrucional, portanto, não se restringiria ao tratamento, publicação e entrega de conteúdo, mas incluiria a análise, o planejamento, o desenvolvimento, a implementação e a avaliação de um curso. Andrea Filatro, por exemplo, define o design instrucional como:

> [...] a ação intencional e sistemática de ensino, que envolve o planejamento, o desenvolvimento e a utilização de métodos, técnicas, atividades, materiais, eventos e produtos educacionais em situações didáticas específicas, a fim de facilitar a aprendizagem humana a partir dos princípios de aprendizagem e instrução conhecidos.[15]

Nesse sentido, surgiu uma nova figura cada vez mais importante em EaD: a do designer instrucional, cujo campo de atuação é definido por Andrea Filatro em um sentido bastante amplo:

> Envolve — além de planejar, preparar, projetar, produzir e publicar textos, imagens, gráficos, sons e movimentos, simulações, atividades e tarefas relacionadas a uma área de estudo — maior personalização dos estilos e ritmos individuais de aprendizagem, adaptação às características institucionais e regionais, atualização a partir de feedback cons-

tante, acesso a informações e experiências externas à organização de ensino, favorecendo ainda a comunicação entre os agentes do processo (professores, alunos, equipe técnica e pedagógica, comunidade) e o monitoramento eletrônico da construção individual e coletiva de conhecimentos (Filatro, 2004:33).

O designer instrucional é descrito como um modelador do futuro, um construtor, que atuaria no cruzamento entre a educação, a arte, a tecnologia e a administração, sendo capaz de gerenciar equipes e projetos. Como arquiteto da aprendizagem, o designer instrucional tem o desafio de respeitar a cultura da instituição, dos alunos e dos professores. Outro desafio é atingir um equilíbrio ideal para o aprendizado entre atividades mais independentes e mais colaborativas, o que já temos discutido bastante em nosso texto.

A International Board of Standards for Training, Performance and Instruction (IBSTPI) definiu em 2000 as competências essenciais do designer instrucional,[16] que incluem capacidades para:

- compreender as características de seu público-alvo e ambiente de atuação;
- selecionar, modificar, planejar, criar, implementar e administrar um sistema, modelo, currículo ou programa;
- selecionar, modificar e desenvolver materiais instrucionais;
- comunicar-se com eficiência visual, oral e por escrito, utilizando uma variedade de técnicas e tecnologias disponíveis para organizar o conteúdo;
- conduzir avaliações dos alunos e do programa;
- identificar e solucionar questões éticas e legais;
- promover a colaboração e a parceria entre os participantes de um projeto;
- atualização e aperfeiçoamento contínuos.

É importante lembrar que, como já vimos, o alemão Otto Peters sugere que o próprio professor incorpore muitas dessas funções do designer instrucional, rompendo assim com a divisão de trabalho característica da EaD fordista. Terry Anderson desenvolve com brilhantismo essa idéia:

> O papel da interação professor–conteúdo é focado no processo de design instrucional. Professores e desenvolvedores criam e re-propõem resultados de pesquisas e outras informações relacionadas à disciplina no processo de criação de conteúdo. Ferramentas mais simples para a criação de conteúdo, de simples pacotes para apresentações e ilustrações até ambientes de autoria complexos, permitem que os professores criem mais diretamente conteúdo do que em épocas anteriores, quando os designers gráficos e os programadores desempenhavam boa parte desse trabalho. Embora muitos tenham defendido a superioridade pedagógica e administrativa do conteúdo produzido por equipes de especialistas em oposição aos 'Lone Rangers' ('Soldados Solitários'), a recente explosão de conteúdos basicamente criados por instrutores, produzidos com a ajuda de sistemas de autoria e ensino como WebCT e Blackboard, ilustra que os professores podem (sozinhos

ou com um mínimo de apoio) produzir conteúdo eficiente e aceitável. Uma das vantagens geralmente ignoradas em relação a esse conteúdo 'desenvolvido em casa' é que ele permite aos instrutores atualizar e comentar continuamente o conteúdo durante o curso. Em outras palavras, o processo de design instrucional pode continuar durante a seqüência da aprendizagem, em vez de terminar antes que ocorra a interação aluno–conteúdo, como é exigido nas várias formas de instrução 'enlatada'.[17]

Nesse caso, podemos dizer que as novas tecnologias permitem o surgimento de uma nova figura em EaD: o *aututor*, o designer/autor/tutor de seus próprios cursos. No próximo capítulo, teremos a oportunidade de avaliar algumas dessas ferramentas.

3.11. Atividades em EaD

Como temos discutido até agora neste texto, e especialmente neste capítulo, você já deve ter compreendido que existem diferentes modelos de educação a distância, muitas vezes opostos, que se diferenciam pelas infinitas combinações que o design instrucional define entre algumas variáveis.

A dose de multimídia é um dos fatores determinantes na diferenciação entre os modelos de EaD. De um lado, é possível conduzir um curso a distância utilizando apenas material impresso, inclusive sem computador. Este é, por exemplo, o modelo ainda utilizado em nosso país com sucesso pelo Instituto Monitor. No outro oposto, hoje são produzidos cursos extremamente ricos em multimídia, oferecidos on-line por poderosos ambientes virtuais. No próximo capítulo, teremos a oportunidade de refletir sobre as tecnologias mais utilizadas em EaD.

O papel reservado ao tutor é também uma das variáveis que definem o modelo de EaD de uma instituição. O tutor pode estar totalmente engessado, quando os conteúdos e mesmo as atividades para seus cursos já estão prontos e predeterminados pela instituição, ou pode ser o designer de seu curso e autor de seu material, em modelos mais flexíveis, como os sugeridos por Otto Peters, mesmo trabalhando em equipe. Existe uma tensão nos projetos de EaD entre formas mais ou menos industrializadas de educação, como já vimos, ou entre os modelos de currículos prontos e de aprendizagem aberta.

A combinação dessas duas variáveis, multimídia e papel do tutor, possibilita modelos diversos, como o defendido e praticado pelo professor Wilson Azevedo: textos (que no fundo não precisam ser produzidos, mas simplesmente selecionados pelo tutor, pois há conteúdo de qualidade de sobra, principalmente na Internet) funcionam como pré-texto para a interação de alunos e professores, em ferramentas extremamente simples, ou seja, sem multimídia. Nesse modelo, o mais importante não é o 'conteúdo' do curso, nem a riqueza da tecnologia, mas o processo de construção de conhecimento pela interação de uma comunidade de aprendizagem, que resultaria em um hipertexto final do curso. Aqui, o papel desempenhado pelo tutor é extremamente importante, uma vez que o simples acesso a conteúdo não garante um aprendizado de sucesso: oferecer instrução não é sinônimo de produzir aprendizagem, que seria garantida pela interação e pela comunicação.

Um curso a distância on-line pode ser conduzido sem interação entre os alunos e os professores, baseando-se, por exemplo, em um modelo de instrução programada, com exercícios e softwares que já corrigem automaticamente o que o aluno faz. No outro extremo da interação, teríamos as aulas por videoconferências de duas mãos, em que os alunos podem fazer perguntas e interagir em tempo real com o professor e seus colegas, mesmo que todos estejam a quilômetros de distância.

Enfim, não há receita pronta, não existe 'a EaD', nem 'uma EaD'; o que existem são diferentes testes, várias tentativas que têm sido feitas em diversas instituições pelo mundo. E o papel dos departamentos de EaD, nesses exemplos, é bastante distinto, variando entre uma maior e menor centralização. A maneira como a instituição libera o conteúdo dos cursos para os seus alunos, por exemplo, pode também variar sensivelmente, desde os modelos em que o conteúdo é liberado aos poucos, em datas determinadas, quando o controle do tempo das atividades é mantido nas mãos da instituição, até os modelos em que o conteúdo é totalmente liberado para o aluno desde o início do curso, e ele passa assim a ter controle total sobre o tempo de seu trabalho, determinando o ritmo com que percorrerá o conteúdo.

Nesse sentido, há ainda diferentes atividades e avaliações propostas em EaD, cujas seleção e combinação servem para definir o modelo do curso. As atividades síncronas, como chats e videoconferências, exigem que os alunos e os professores estejam conectados no mesmo tempo. Já as atividades assíncronas permitem que os alunos realizem suas atividades no momento que desejarem e, por isso, predominam nos projetos de EaD.

Uma das atividades assíncronas mais comuns em EaD são os fóruns, em que os comentários do professor e dos alunos são publicados em uma área a que todos têm acesso. Os fóruns podem ser moderados (quando o professor ou um assistente precisa ler os comentários dos alunos antes de publicá-los) ou livres (quando os comentários são automaticamente publicados, sem a mediação do professor). Em alguns casos, os novos tópicos nos fóruns podem ser criados apenas pelo professor; em outros, também pelos alunos. As perguntas podem ser propostas apenas pelo professor, mas a interação pode também ser mais livre, quando os próprios alunos fazem perguntas e respondem às dúvidas dos colegas. O professor pode programar o fórum para que os alunos possam modificar ou mesmo excluir os seus comentários, mas pode também programá-lo para que os comentários dos alunos não possam ser modificados. É possível ainda permitir ou restringir mensagens anônimas. Muitos fóruns permitem que sejam anexados arquivos.

Um fórum pode pressupor a leitura de um texto ou simplesmente propor um tema para debate. Nos fóruns chamados de *role-playing* (ou interpretação de papéis), os alunos assumem determinados papéis ao prepararem suas respostas, que podem ser mais otimistas ou pessimistas, como se fossem 'advogados do diabo' etc. Alguns alunos podem ser responsáveis pelo pontapé inicial, resumindo um texto e propondo questões para a discussão. Outros alunos podem ficar responsáveis por resumir e encerrar um debate, apontando, por exemplo, questões que ainda permanecem abertas. Nesses casos, os alunos transformam-se em professores, e o professor pode se limitar a desempenhar a função de conectar alguns fragmentos do debate, ensinando conteúdo apenas quando necessário.

Pela importância dos fóruns em EaD, é essencial que os tutores sejam adequadamente treinados no seu uso, para que nem dominem completamente as discussões (tolhendo assim a liberdade de expressão de seus alunos) nem fiquem totalmente ausentes (dando a impressão de abandono aos alunos). É possível, por exemplo, facilmente contar com a participação de convidados especiais que não façam parte da turma, mas dominem o tema a ser discutido, o que enriquece muito o debate. Pré-textos bem selecionados, um tutor hábil no uso didático de fóruns e um grupo de alunos treinados na ferramenta podem garantir um curso on-line a distância de excelente qualidade, com resultados muito positivos para os alunos. O autor deste livro já teve a oportunidade de coordenar diversos fóruns, em cursos a distância ou mesmo como complemento de cursos presenciais, em que a participação dos alunos foi intensa e o resultado didático, impressionante.

Os chats, ao contrário dos fóruns, são atividades síncronas, ou seja, o professor e o aluno precisam estar conectados ao mesmo tempo para participar da discussão. Ler um chat depois que ele já ocorreu gera uma sensação muito diferente daquela de estar participando do chat no momento em que as discussões ocorrem. Pode também ser proposto um texto para leitura antes do chat, ou o professor pode iniciar a 'aula' sem que haja uma leitura prévia proposta. Durante o chat, é interessante realizar atividades paralelas, como desenhar, abrir e percorrer páginas da Web etc. Alguns chats permitem que o professor bloqueie os alunos, quando quer dar uma parte da aula expositiva, e os alunos podem então 'levantar a mão' para fazer perguntas. É, em geral, possível também, além da comunicação entre todos pelo chat, conversar reservadamente com outros colegas e mesmo com o professor, por meio de mensagens privadas. No meio de um chat, por exemplo, é possível dividir a turma em grupos para a realização de alguma atividade, e posteriormente os alunos retornarão ao chat, para expor e debater suas conclusões. O autor deste livro tem também tido muito sucesso na condução de chats.

O professor pode ainda propor a resolução de um problema ou um projeto a ser elaborado a distância, individualmente ou em grupo. O Problem Based Learning (PBL), ou a aprendizagem baseada em problemas, foi adotado como marca por muitos projetos de EaD. Nessas atividades, uma situação real ou simulada é apresentada para os alunos, que devem então tomar uma decisão. Na aprendizagem por objetivos (*goal-based learning*), o aluno deve realizar uma tarefa e, assim, ele aprende fazendo, já que normalmente precisa desenvolver algumas habilidades para cumprir sua missão. Incidentes no trabalho podem servir de base para uma reflexão em grupo a distância.

É incrível a variedade de exercícios que os softwares voltados para EaD permitem que o professor crie, mesmo sem conhecimentos de informática. Normalmente, é possível criar um banco de questões e depois selecionar as que interessam na elaboração de cada teste. As questões podem ser, entre outras: verdadeiro–falso e/ou de múltipla escolha, correspondência, combinação, ordenação, preenchimento de espaços em branco, respostas curtas e mesmo redações mais longas, havendo muitas variações em cada um desses exercícios. Apesar da resistência de muitos educadores, em função da associação dos exercícios com o behaviorismo de Skinner, exercícios são altamente eficazes como uma das atividades do mix proposto de avaliações em um curso de EaD multimídia ou on-line.

Web quest é outra atividade comum em EaD, que consiste na proposta de uma pesquisa na Internet, que pode ser realizada em grupo ou individualmente. No caso do *blended quest*, outras fontes devem ser utilizadas além da Web.

Como tem se tornado cada vez mais simples o uso de áudio e vídeo na Internet, é possível utilizar cada vez mais recursos de multimídia nas atividades em EaD. Feedback em voz, por exemplo, mesmo quando utilizado em atividades assíncronas, pode economizar tempo do professor e motivar os alunos, por soar mais pessoal do que os textos.

O uso de games tem sido também cada vez mais comum em EaD, a ponto de ter dado origem ao neologismo *edutainment* (education + entertainment). O ser humano é *homo sapiens,* mas é também *homo ludens* — o lúdico é parte integrante de nossas atividades mais vitais. Gee, em seu interessante *What video games have to teach us about learning and literacy,*[18] defende que existem princípios de aprendizagem incorporados aos videogames. Falaremos, no capítulo seguinte, sobre as potencialidades do uso de um 'jogo', o Second Life, em EaD.

Essas são apenas algumas das atividades possíveis em EaD. O tutor tem à sua disposição uma diversidade de atividades suportadas pela Internet com diferentes objetivos pedagógicos, como quebra-gelo, motivacionais, senso crítico, *brainstorm*, criatividade, estudos de casos, discussão, colaboração etc. O Quadro 3.1 procura listar uma variedade de técnicas pedagógicas para utilização em EaD on-line.[19]

A combinação entre as atividades propostas individualmente e em grupo, como já vimos, é também responsável pela diferenciação entre os projetos de EaD.

A freqüência das avaliações é essencial para determinar os modelos dos projetos de EaD. Interessantes soluções são as propostas de avaliação contínua, em que os alunos são avaliados do começo ao fim do curso, por sua participação em todas as atividades, e não apenas por uma ou outra prova em datas determinadas. Outra solução interessante são as avaliações cruzadas, em que os alunos e os grupos trocam e comentam os trabalhos dos outros.

Na UVB, o autor deste livro teve a oportunidade de participar de avaliações extremamente criativas e inovadoras. Durante o semestre, todas as disciplinas mantinham comunicação constante em função de um projeto interdisciplinar, que devia ser produzido pelos alunos, sobre um tema que era abordado conjuntamente por todos os professores. Na avaliação semestral, grupos de alunos se reuniam em algum pólo presencial e contavam com um dia inteiro para resolver um problema ou desafio, que tinha relação direta com o tema do projeto interdisciplinar, trabalhado durante todo o semestre. Os alunos podiam utilizar as fontes que desejassem (o próprio conteúdo das disciplinas, a biblio-

Quadro 3.1 Técnicas pedagógicas para utilização em EaD

Starter-wrapper	Alguns alunos são responsáveis por iniciar as discussões e outros por finalizá-las; os alunos podem desempenhar diferentes papéis ('advogado do diabo', questionador, mediador, comentarista etc.)
Discussão de artigos	Individual ou em grupo, com a possibilidade de os alunos escolherem que artigos desejam comentar
Jigsaw (quebra-cabeça)	Divisão de um texto em partes, que então são comentadas por grupos
Exploração da Web e leituras	Avaliação e classificação de artigos
Reações a observações de campo	Estágios ou experiências no trabalho que podem ser propostas em forma de diários on-line
Controvérsia estruturada	Os alunos devem desempenhar um papel, que podem, em geral, escolher
Discussão de tópicos	Alunos podem sugerir e votar nos tópicos a ser discutidos
Estudo de caso	Pode ser proposto pelo professor ou pelos alunos
Quebra-gelo e fechamento	Apresentações dos alunos, expectativas em relação ao curso, desafios, testes, escolha de um aluno para ter o rendimento comentado pelos demais no final do curso etc.
Scavenger hunt (caçadas eletrônicas)	Questões referentes a um tópico são propostas, e os sites para pesquisa, predeterminados pelo professor
Pesquisas e votações	Pode ser discutida a opinião da maioria e da minoria
Comentários interativos	Os alunos podem comentar os links sugeridos pelos colegas, o que têm em comum com eles etc.
Papel de feedback para os colegas	Escolha de um aluno ou amigo para comentar o trabalho e ajudar o colega durante o semestre
Round-robin (atividades circulares)	Histórias que são construídas ou problemas que são resolvidos parcialmente por cada membro de um grupo ou da classe, sendo que a produção de um aluno é passada para o aluno seguinte, que tem tempo determinado para acrescentar sua contribuição
Publicações	Publicações na Web dos trabalhos dos alunos e dos grupos
Simpósio	Pode ser realizado no final do semestre com um expert escolhido pelos alunos
Brainstorm	Envolve idéias na Web, para as quais pode ser criada uma lista das melhores
Convidados especialistas	Debates síncronos ou assíncronos

teca, a Internet etc.), como, aliás, qualquer profissional pode fazer. Ao final do dia, os grupos entregavam um relatório em que analisavam o problema e propunham as formas de resolvê-lo. Os resultados eram muito satisfatórios e os próprios alunos mostravam-se muito motivados com esse tipo de avaliação.

3.12. O conceito de turma em EaD

A criação ou não de turmas também diferencia com muita intensidade um modelo de EaD do outro. Na interpretação das estatísticas levantadas sobre evasão em EaD pelo Abraed 2007, por exemplo, fica claro que, em cursos a distância com turmas, o índice de evasão é menor. Portanto, a compreensão adequada da função das turmas em EaD é um aspecto essencial para evitar a confusão que se observa em alguns projetos de educação a distância.

Algumas pessoas defendem que os americanos não compreendem o conceito de 'turma' em educação a distância. Eles sempre nos perguntariam: mas por que vocês precisam trabalhar com essa idéia de turma em EaD? Qual o sentido disso?

Hipoteticamente, o conceito de turma em EaD seria uma criação dos latinos, povo que precisa estar próximo, que é mais sensual, que gosta de cerveja, futebol e carnaval. O espírito latino teria inventado o conceito de turma em EaD, e por isso os americanos não o compreenderiam.

Essa grande 'descoberta' acaba servindo como fundamento pedagógico para a implementação de projetos de EaD em que não há limite para o número de alunos por turma: podem ser 100, 200, 300, 400... o céu é o limite! E os projetos são implementados no Brasil, traindo o espírito latino e obedecendo ao espírito norte-americano.

Essa avaliação é completamente equivocada.

Em primeiro lugar, o conceito de turma em EaD não é uma invenção latina. Qualquer pesquisa rápida na bibliografia técnica sobre educação a distância mostra que isso não é verdade: existem turmas em EaD pelo mundo todo, desde os Estados Unidos até a Austrália, na Ásia e na Europa. Turma, em EaD, é sinônimo de grupo, time ou comunidade, palavras que têm tradução direta do inglês, língua na qual é bastante utilizada a expressão '*community of learning*', que se traduz diretamente por 'comunidade de aprendizagem'. *Class* tem, em inglês, também esse sentido de turma, e assim é utilizada em textos de EaD.

Mas existem, também, projetos de EaD que não utilizam a noção de turma. Portanto, quais são as diferenças?

O autor deste livro cursou mais de uma disciplina na Universidade de Berkeley, quando a Internet já era intensamente utilizada como mídia em EaD. O processo funcionava assim: eu me matriculo, recebo pelo correio o material (que inclui apostila, livros, vídeos, CDs etc.), estudo sozinho, mando as atividades para o meu professor (na época, por correio), ele corrige, me devolve e, até o final do prazo para conclusão do curso, tenho de fazer uma prova presencial. Ou seja, eu não interajo com aluno nenhum, não conheço nenhum aluno, estudo independente, individual e solitariamente. Os prós e contras desse método podem ser questionados, mas, de qualquer maneira, nesse caso não existe realmente o conceito de turma. Não existe nem mesmo a idéia de que o curso tenha de começar em determinada data e terminar em outra, nem que as atividades tenham de ser entregues em datas específicas: o aluno se matricula no curso quando desejar, segue o ritmo de estudos que quiser, e o professor é remunerado pelo número de alunos que estão cursando a disciplina, afinal de contas seu trabalho é simplesmente corrigir as atividades individuais dos alunos, dar uma nota e devolvê-las. E, no final, corrigir uma prova. Ou seja, quanto mais alunos, proporcionalmente mais trabalho e, portanto, maior a remuneração.

Ora, mas esse não é o único modelo de educação a distância que existe nos Estados Unidos que faça justificar a leitura de que o conceito de turma em EaD seja uma invenção latina. Existem cursos a distância, nos Estados Unidos e em outros cantos do mundo, muitos aliás, que utilizam turmas. Palloff e Pratt, por exemplo, afirmam no prefácio de seu *O aluno virtual*:

> O foco do livro é primeiramente a aprendizagem em turmas, isto é, alunos que começam e terminam juntos um curso durante um trimestre, um semestre ou um seminário elaborado de acordo com a conveniência do professor e dos alunos. Chegamos à conclusão de que as dicas que utilizamos para a construção dessa comunidade dificilmente podem ser implementadas em outra espécie de agrupamento, tais como aqueles da educação continuada, em que os alunos começam e terminam seus cursos em épocas distintas. [...] Também achamos que as necessidades dos alunos da chamada educação continuada são diferentes — em geral buscam a maneira mais rápida e fácil de finalizar os créditos para a certificação e afins, sem preocupar-se com o nível de interação que um aluno de graduação ou pós-graduação ou mesmo o empregado de uma empresa buscaria.[20]

Está, portanto, mais do que claro que o conceito de turma não é um conceito que existe apenas em português ou que esteja relacionado à cultura latina — ele tem lugar muito claro na semântica da língua inglesa —; tem tanta importância, aliás, que é o foco de um livro importante sobre EaD, escrito originalmente em inglês. Mas fica também claro, na citação, que o conceito de turma tem sentido para um modelo de EaD que, segundo os autores, é o modelo mais adequado para alunos de graduação, pós-graduação e educação corporativa, porque eles buscam interação.

O que ocorre, então, no caso de ensino com turmas? Além da possibilidade de propor atividades individuais, podem ser propostas diversas atividades interativas, como fóruns, chats, trabalhos em grupo etc. Nesse caso, o conceito de turma faz todo o sentido: as aulas precisam começar no mesmo momento, têm um prazo específico de duração, muitas vezes há datas específicas para a entrega das atividades e o professor funciona como um facilitador do aprendizado e um animador das atividades interativas.

Prestar um pouco de atenção nos alunos, considerá-los pessoas, e não simples números, pressupõe a idéia de turma, e, ainda mais, a preocupação por parte do professor e da instituição em utilizar técnicas pedagógicas para tentar fazer com que a turma funcione como uma unidade, e não como um mero grupo de pessoas independentes e que não se falam, ou falam muito pouco entre si.

É importante destacar que a escolha criteriosa do número de alunos por turma e do número de professores e profissionais de apoio por aluno é uma variável essencial para o sucesso de um projeto de EaD. O Abraed 2007[21] mostra claramente que a proporção média de profissionais em função de docência cai à medida que sobe a taxa de evasão em cursos a distância. Nas instituições em que a taxa de evasão é menor, a média de monitores e tutores por aluno é sensivelmente maior. O padrão prossegue, ainda, quando se avalia a média de alunos por profissionais em geral, entre eles os profissionais de apoio e técnico-administrativos. Portanto, controlar o número de alunos em uma turma é essencial, do ponto de vista pedagógico, apesar de não agradar às instituições que se interessam apenas pelo lucro:

> Outro fator importante sobre o qual as instituições têm algum controle, e que se relaciona à capacidade de desenvolver a comunidade, é o tamanho do grupo. Os professores, em geral, perguntam qual é o número ideal de pessoas para a construção da comunidade em um curso on-line. Como professores on-line experientes, nossa impressão é de que o número fica entre 20 e 25 pessoas. Os professores novos nesse meio, ou que estejam lecionando pela primeira vez, não deveriam ter mais do que 15 alunos. Infelizmente, esse número parece extremamente baixo para os administradores, que continuam a acreditar que a aprendizagem on-line trará quantidades significativas de dinheiro para a instituição se o número de alunos matriculados for alto. No entanto, esse é um grave erro. Como observamos, os alunos buscam a conexão e um alto grau de interação com os professores e seus colegas. Quando há muitos alunos em uma turma, eles não se sentem ouvidos e podem ficar perdidos, da mesma forma que se sentiriam em uma palestra muito longa. Além disso, conforme cresce o número de alunos, a carga de trabalho do professor cresce exponencialmente, causando atrasos maiores na resposta aos alunos e a impossibilidade de manter-se atualizado no fórum de discussão. O resultado? Os alunos poderão sentir-se menos inclinados a continuar no curso ou a fazer outro.
>
> [...]
>
> No geral, embora isso não seja muito do agrado dos administradores, achamos que os grupos pequenos funcionam melhor. Além de criar uma carga de trabalho mais administrável para o professor, esses grupos sustentam o processo de construção da comunidade e minimizam a sobrecarga de informação para todos, aumentando a percepção da qualidade do curso por parte dos alunos, que se sentem valorizados (Palloff e Pratt, 2004:142-143).

Outros autores falam em números ainda menores. Boa parte dos estudiosos de EaD defende a maior eficácia dos projetos que privilegiam as atividades interativas entre os alunos, o que pressupõe a noção de turma. Mas o que importa é que, na concepção e implementação de um curso de EaD, sejam compreendidas com clareza essas diferenças entre o uso e não-uso de turmas. Modelos mistos são interessantes quando são planejados como inovação, não quando acontecem por erro de concepção.

Aqueles que têm prazer em ironizar os projetos de EaD que procuram ser sérios, e por isso propõem a organização de turmas, e, em decorrência, uma remuneração decente para os tutores e um número reduzido de alunos, gostam de dizer: "Vocês precisam ir para a Inglaterra para ver como é a EaD por lá!". Ora, se a referência é à Open University e ao modelo fordista de que fala Otto Peters, o equívoco conceitual continua, é mais uma vez reforçado. A Open University britânica foi fundada em 1969, antes da Internet, e adotou o modelo de ensino de massa, por correspondência e com pouca interação. Na primeira geração da EaD, no ensino por correspondência, não era possível organizar turmas a distância; na segunda geração, das universidades abertas e novas mídias como rádio e televisão, a idéia de turma tampouco fazia parte da definição de EaD. Mas com a EaD on-line, tudo mudou radicalmente, como já vimos. A Internet trouxe-nos incríveis possibilidades para a interação, além de, em muitos casos, nos quais é necessário elaborar um projeto de EaD, o público-alvo já freqüentar uma universidade presencial, ou mesmo uma universidade corporativa. Ou seja, o tempo e o lugar para se adotar um modelo da Open University são inadequados. Mas, mesmo em educação continuada e cursos livres, os modelos com interação têm lugar e podem trazer melhores resultados no processo de aprendizagem.

3.13. Lista de cursos on-line

Já que existem tantas diferenças entre os cursos a distância, quais são as fontes de pesquisa para quem pretende avaliar e escolher um curso?

Uma publicação tradicional, em língua inglesa, é o *Peterson's guide to distance learning programs*.[22] Há também um site que permite a pesquisa de cursos on-line.[23] Os *Bears guides* são bastante populares e abrangem vários nichos de cursos a distância: cursos por correspondência, cursos não tradicionais, MBAs etc.

No Brasil, o site da Secretaria de Educação a Distância (Seed)[24] mantém uma lista com as instituições de ensino superior credenciadas para oferecer cursos seqüenciais, de graduação e pós-graduação, e os respectivos cursos, cujos links diretos podem ser acessados na página da Secretaria de Educação Superior (Sesu).[25]

Os cursos a distância para a educação básica são credenciados pelos conselhos estaduais de educação, portanto precisam ser checados nos seus respectivos sites.

Não existe um cadastro unificado para cursos livres e de educação corporativa em nosso país, mas a Associação Brasileira de Educação a Distância (Abed) procura manter em seu site[26] uma lista atualizada dos cursos a distância de que tem conhecimento.

Outra fonte muito rica é o Abraed, publicado anualmente pelo Instituto Monitor em conjunto com a Abed.

No Congresso do International Council of Open and Distance Education (ICDE) realizado no Rio de Janeiro, em 2006, Paula Caleffi e Susane Garrido, da Universidade do Vale do Rio dos Sinos (Unisinos), apresentaram o trabalho "Model of management for institutional initiatives in on-line education".

Em 2005, a Unisinos avaliou negativamente o funcionamento de seu departamento de EaD, que seria muito fechado (desvinculado do restante da comunidade) e cujo programa de capacitação em massa de professores para EaD não teria funcionado.

Em um processo de reposicionamento estratégico, o departamento foi transformado em um escritório que não mais produz material por conta própria, mas atende à demanda interna da instituição, capacitando professores para o desenvolvimento de seu próprio material online. Além disso, realiza também prospecção das necessidades externas e busca parcerias, tendo se transformado em um escritório de consultoria. Um trabalho que coloca em prática a EaD pós-moderna, tal como pensada por Otto Peters.

Pedimos às autoras que recontassem essa história, agora atualizada, para nós.

Educação a distância na Unisinos: paradigmas, modelo de gestão e horizontes

"A superação da racionalidade tecnológica, todavia, exige domínio das linguagens e tecnologias de que vamos dispor e abertura para a mudança de modelos 'presenciais', no que diz respeito a aspectos culturais, pedagógicos, operacionais, jurídicos, financeiros, de gestão e de formação dos profissionais envolvidos com a preparação e implementação desses cursos."[27]

A atuação *do* e *no* espaço digital virtual vem se deflagrando como um novo paradigma por-
que redefine as possibilidades de mediações, comportamentos e relações entre as pessoas no mundo global. Ao atingir o espectro educacional, o espaço digital virtual configura-se como *educação a distância (EaD)* e promove, entre alunos, professores, informações e meios de comunicação e interação, novos tipos de processos e produções, anteriormente realizados por ações puramente presenciais (físicas) síncronas. Essas ações podem, agora, ser potencializadas (ou potencializar) por uma presencialidade 'virtual', por uma presencialidade síncrona ou assíncrona e, assim, ousarem para desenvolvimentos dentro de uma flexibilidade[28] de tempo e/ou de espaço que promovam processos de ensino e de aprendizagem, linguagens e negociações, incomparáveis aos modelos presenciais (físicos) até então conhecidos.

Nesse sentido, e pelo fato de a Unisinos possuir um compromisso de *formação integral da pessoa humana*, em outubro de 2005, passa a visualizar a educação a distância como um espaço que extrapola o apoio a ações puramente pedagógicas, considerando-a um espaço, também, desenvolvedor de negócios no âmbito das atividades digitais virtuais.

Esse novo conceito para a EaD estrutura-se como o *Escritório de gestão de projetos em EaD* e atua com um modelo de gestão que vislumbra os seguintes objetivos:

- apoiar o planejamento de projetos de ensino-aprendizagem nas modalidades semipresencial ou a distância, do ponto de vista de gestão e orçamento e do ponto de vista didático-pedagógico;
- capacitar professores vinculados a projetos que envolvam EaD;
- acompanhar e supervisionar o processo técnico-didático-pedagógico de desenvolvimento dos projetos, assegurando a sua qualidade de acordo com as políticas e diretrizes definidas para EaD na Unisinos;

- avaliar o desenvolvimento e resultados dos projetos, do ponto de vista pedagógico, de gestão e de orçamento;
- articular ações e prospectar oportunidades de projetos em EaD em contato com as diferentes diretorias de unidade e coordenações de curso da Unisinos bem como demais setores relacionados direta e indiretamente com a modalidade;
- realizar articulação com entidades (órgãos governamentais, não-governamentais, empresas etc.) externas relacionadas ao desenvolvimento da EaD;
- gerenciar/indicar/organizar os recursos físicos e tecnológicos necessários para o desenvolvimento de projetos de EaD.

Com esse escopo, o Escritório desenvolve, no período de 2005/2007, as seguintes atividades:

1) *outubro/2005:* organização da estrutura do escritório e capacitação dos professores da graduação para atuação em EaD em 2006/1;
2) *1º sem./2006:* 443 alunos matriculados nas disciplinas a distância da graduação presencial e 20 professores capacitados para atuação com mediação digital/virtual e para a modalidade a distância;
3) *2º sem./2006:* 1.111 alunos matriculados nas disciplinas a distância da graduação presencial — 20 desistentes e 31 reprovados; 74 professores capacitados;
    a) 10 monitores capacitados; criação de 2 projetos político-pedagógicos em EaD para ofertas de graduação fora da sede; criação dos objetos de aprendizagem de 5 disciplinas de graduação em EaD para ofertas fora da sede; assessoria na montagem de 3 projetos político-pedagógicos em EaD para cursos de especialização;
4) *2006/2007:* 16 artigos sobre EaD publicados em Congressos Nacionais e Internacionais; um capítulo do livro[29] publicado pela Secretaria de Educação a Distância (Seed) do MEC; artigo em revista científica[30] e em produções em parceria com as Unidades de Graduação e Pesquisa e Pós-graduação;
5) *1º sem./2007:* 2.440 alunos matriculados nas disciplinas a distância da graduação presencial; cerca de 90 professores capacitados; 72 turmas nas disciplinas a distância da graduação presencial (elemento deflagrador da aceitação/procura dos alunos pela modalidade), com 4,9 por cento de evasão nessas turmas e 12 por cento de reprovação; desenho do perfil e contratação do primeiro grupo de tutores da Unisinos; captação de projetos de parceria com a FIA-USP/Banco do Brasil para cursos de MBA a distância; realização de um curso de objetos de aprendizagem (parceria com CVA-Ricesu) para professores e funcionários;
6) criação e coordenação do Congresso Internacional de Qualidade em Educação a Distância: CIQEAD 2007 (parceria com CVA-Ricesu); efetivação da Unisinos como um pólo da Abed no sul do Brasil; participação ativa da Unisinos na CVA-Ricesu;[31] credenciamento da Unisinos para oferta de cursos a distância na graduação.

Os números citados anteriormente atestam o êxito da proposta, porém fazer EaD compreende um universo bem maior que a sala de aula, que envolve a universidade como um todo; prerrogativa de uma visão calcada no pensamento sistêmico.

Nessa perspectiva, tem sido necessário o desenvolvimento de instrumentos jurídicos específicos que dêem conta de processos como a remuneração do professor que produz versões de seus materiais on-line, como os instrumentos que organizam diferentes possibilidades de parcerias interinstitucionais, bem como aqueles que regularizam as contratações de outros profissionais envolvidos com a modalidade. Neste aspecto específico — a contratação de outros profissionais —, a Unisinos decidiu pela inclusão, em seu quadro docente, de uma categoria a mais de professor, o professor-tutor, o qual deve ser preferencialmente um mestrando (da área de conhecimento a qual estará atendendo) para que essa medida funcione como uma política de primeiro emprego. Sua função nas atividades de graduação envolve diretamente apoio ao professor da atividade acadêmica de turmas que extrapolem 40 alunos.

Além desses instrumentos, o Escritório de EaD tem transitado por instituições no Brasil e no mundo que fazem educação a distância, bem como participado de inúmeros fóruns de discussão sobre a modalidade, a fim de ampliar e atualizar cada vez mais os conhecimentos que têm sido produzidos nesses espaços.

Nesse período (outubro de 2005 a 2007/1), relativo ao desenvolvimento interno com os cursos de graduação, o Escritório seguiu as políticas traçadas em conjunto com a Unidade de Graduação.

As diretrizes são baseadas nos referenciais de qualidade do MEC e nos objetivos da universidade: cursos de graduação presenciais, respeitando-se os 20 por cento de EaD estabelecidos por lei. A incorporação dessa modalidade corrobora para que todos os nossos alunos, em algum momento, tenham a possibilidade de cursar atividades a distância, tendo eles acesso a essa nova epistemologia do conhecimento, uma vez que esse cenário surge para ficar.

As atividades a distância também demonstram, até então, ser possibilidades de economia para o aluno por não ter gastos com transporte e alimentação nos dias em que elas ocorrem. Provavelmente isso tem influenciado diretamente no comportamento do aluno ao aumentar o número de atividades acadêmicas cursadas no semestre, sendo a EaD, portanto, um catalisador para a conclusão de seu curso.

A implantação das atividades a distância está sendo progressiva, com total envolvimento dos colegiados e das coordenações de curso. Isso é fundamental no processo, porque não pode haver separação de gestão nos cursos, entre atividades presenciais e a distância, uma vez que a educação digital virtual, ou EaD, é uma modalidade que se aplica também na presencialidade. Ainda com relação ao processo de implantação na graduação, a oferta de EaD deve ser preferencialmente nas atividades acadêmicas, nas quais também ocorre oferta presencial, ou seja, em atividades que tradicionalmente formem mais de uma turma, respeitando-se a possibilidade de escolha do professor e dos alunos, contribuindo assim para o ganho de credibilidade para a modalidade.

A capacitação dos professores é focada naquelas atividades acadêmicas que vão atuar no semestre seguinte, e esse processo envolve o Escritório de EaD desde a formação do professor/tutor/monitor, a orientação para a construção dos planejamentos e dos objetos de aprendizagem até o acompanhamento pedagógico permanente.

Com essas diretrizes, rapidamente citadas, e outras de caráter mais geral, como a busca da transdisciplinaridade e do pensamento sistêmico, a Unidade de Graduação, bem como a Unidade de Educação Continuada, em conjunto com o Escritório, atingiram os resultados citados até 2007/1.

Com o desempenho reconhecido nessa existência de um ano, o Escritório de EaD teve seu *status* modificado dentro da universidade, sendo incorporado ao plano estratégico da Unisinos como um dos onze projetos estratégicos que a universidade desenvolverá nos próximos anos.

Portanto, o novo desenho da educação a distância (educação digital virtual) da Unisinos surge calcado em uma visão de potencialidade de virtualização da universidade, criando-se como um espaço de interlocução permanente no âmbito do virtual, com uma epistemologia do virtual, uma sistematização do saber virtual e um método transdisciplinar virtual.[32]

Paula Caleffi é professora titular da Universidade do Vale do Rio dos Sinos (Unisinos) e, desde 2006, é diretora da Unidade Acadêmica de Graduação, responsável por todos os aspectos de planejamento, execução e desenvolvimento dos cursos de graduação, preocupando-se, assim, com os aspectos referentes à gestão da EaD.

Susane Martins Lopes Garrido é professora adjunta e coordenadora do Programa de Educação a Distância da Universidade do Vale do Rio dos Sinos (Unisinos), que tem atuado também na assessoria e consultoria a empresas que queiram implementar processos de EaD. Seus principais interesses de pesquisa compreendem o uso de tecnologias digitais (de comunicação e informação) nos processos de ensino e de aprendizagem (presencial e a distância) associados diretamente à pesquisa na neurocognição.

Notas

1 NIXON, Thomas. *Bears' guide to earning high school diplomas nontraditionally:* a guide to more than 500 diploma programs and schools. Toronto: Ten Speed Press, 2003.
2 _____. *Complete guide to online high schools:* distance learning options for teens & adults. California: Degree Press, 2007.
3 SIMONSON, Michael et al. *Teaching and learning at a distance:* foundations of distance education. 2nd ed. Upper Saddle River, NJ: Pearson Education, 2003, p. 185.
4 DANIEL, John; MACKINTOSH, Wayne. "Leading ODL futures in the eternal triangle: the mega-university response to the greatest moral challenge of our age". In: MOORE, Michael Grahame; ANDERSON, William G. (Eds.). *Handbook of distance education.* Mahwah, NJ: Lawrence Erlbaum, 2003, p. 817. Utilizaremos várias idéias deste artigo nos próximos parágrafos.
5 Disponível em: <https://www.planalto.gov.br/ccivil_03/_Ato2004-2006/2006/Decreto/D5800.htm>. Acesso em: 17 jul. 2007.
6 PETERS, Otto. *Didática do ensino a distância:* experiências e estágio da discussão numa visão internacional. Trad. Ilson Kayser. São Leopoldo, RS: Unisinos, 2001.
7 _____. *A educação a distância em transição*: tendências e desafios. São Leopoldo, RS: Unisinos, 2003.
8 ALLEN, Mark. *The corporate university handbook*: designing, managing, and growing a successful program. New York: Amacom, 2002, p. 9.
9 _____. *The next generation of corporate universities*. San Francisco: Pfeiffer, 2007.
10 Disponível em: <http://www.educor.desenvolvimento.gov.br/>. Acesso em: 20 maio 2007.
11 Disponível em: <http://www.educor.desenvolvimento.gov.br/docs/Relatorio_atividade2006.pdf>. Acesso em: 20 maio 2007.
12 BAYMA, Fátima. *Educação corporativa:* desenvolvendo e gerenciando competências. São Paulo: Pearson Prentice Hall, 2005.
13 OBLINGER, Diana G.; RUSH, Sean C. "The involvement of corporations in distance education". In: MOORE, Michael Grahame; ANDERSON, William G. (Eds.). *Handbook of distance education.* Mahwah, NJ: Lawrence Erlbaum, 2003, p. 594-598.
14 SHEARER, Rick. "Instructional design in distance education: an overview". In: MOORE, Michael Grahame; ANDERSON, William G. (Eds.). *Handbook of distance education.* Mahwah, NJ: Lawrence Erlbaum, 2003, p. 275.

15 FILATRO, Andrea. *Design instrucional contextualizado*: educação e tecnologia. São Paulo: Senac, 2004, p. 65.
16 Disponível em: <http://www.ibstpi.org/Competencies/instruct_design_competencies.htm>. Acesso em: 3 maio 2007.
17 ANDERSON, Terry. "Modes of interaction in Distance Education: recent developments and research questions". In: MOORE, Michael Grahame; ANDERSON, William G. (Eds.). *Handbook of distance education*. Mahwah, NJ: Lawrence Erlbaum, 2003, p. 137-138.
18 GEE, James Paul. *What video games have to teach us about learning and literacy*. New York: Palgrave Macmillan, 2004.
19 Adaptada de diversas idéias e tabelas (especialmente 23.6 e 23.7) apresentadas em: BONK, Curtis J.; DENNEN, Vanessa. "Frameworks for research, design, benchmarks, training, and pedagogy in web-based distance education". In: MOORE, Michael Grahame; ANDERSON, William G. (Eds.). *Handbook of distance education*. Mahwah, NJ: Lawrence Erlbaum, 2003, p. 331-348.
20 PALLOFF, Rena M.; PRATT, Keith. *O aluno virtual*: um guia para trabalhar com estudantes online. Trad. Vinicius Figueira. Porto Alegre: Artmed, 2004, p. 15.
21 Anuário Brasileiro Estatístico de Educação Aberta e a Distância, 2007, p. 95-97.
22 ORAM, Fern A. (Ed.). *Peterson's guide to distance learning programs*. Lawrenceville, NJ: Thompson Peterson's, 2004.
23 Disponível em: <http://www.petersons.com/distancelearning/code/search.asp?sponsor=>. Acesso em: 9 maio 2007.
24 Disponível em: <http://portal.mec.gov.br/seed/>. Acesso em: 20 maio 2007.
25 Disponível em: <http://portal.mec.gov.br/sesu/index.php?option=content&task=category&sectionid=7&id=100&Itemid=298>. Acesso em: 20 maio 2007.
26 Disponível em: <http://www2.abed.org.br/>. Acesso em: 20 maio 2007.
27 "Referenciais de qualidade para cursos a distância" — MEC. Disponível em: <http://portal.mec.gov.br/sesu/arquivos/pdf/ReferenciaisQualidadeEAD.pdf>. Acesso em: 16 jul. 2007.
28 A idéia de *flexibilidade* (sem superação) é parte das perspectivas que a educação superior a distância poderá promover, segundo Otto Peters (2001).
29 *Desafios da educação a distância na formação de professores*. Brasília: MEC, 2006.
30 *Revista de Gestão da USP*. São Paulo, v. 14, n. 1, 2007.
31 Rede de Instituições Católicas do Ensino Superior. Disponível em: <http://www.ricesu.com.br/index.php#principal.php>. Acesso em: 16 jul. 2007.
32 Frase baseada na idéia de Celso Cândido de Azambuja. In: Documento interno da universidade — Projeto Estratégico da EaD (Unisinos).

4 Ferramentas, ambientes e tecnologia

4.1. Retrospectiva das tecnologias aplicadas à educação no Brasil e reflexões pedagógicas

Quem se lembra do videotexto, ou VDT, um dos precursores entre as Novas Tecnologias de Informação e Comunicação (NTICs)?

Em 1986, o videotexto surgia como uma possibilidade real de comunicação, prometendo diminuir distâncias com o uso de tecnologias interativas, mesmo quando nem se pensava em educação a distância. Não durou muito, apenas alguns anos, mas com certeza abriu caminho para o que hoje chamamos de novas mídias interativas, que transformam diariamente nossas vidas e nossas relações de trabalho, de amor, de negócios e de aprendizagem.

Com o videotexto vieram as Bulletin Board Systems (BBS), formas de comunicação muito similar ao e-mail de hoje, embora de difícil conexão, tela verde e uso restrito aos ambientes de pesquisa acadêmica e ao complexo mundo de desenvolvedores, programadores e infomaníacos em geral. Lembrava muito, também, as atuais listas de discussão, em proporções muito menores, já que praticamente todos os usuários se conheciam. Um ícone dessa época foi o engenheiro paulistano Alexander Mandic.

A Internet, difundida no Brasil no início da década de 1990, foi logo percebida como uma inovadora forma de comunicação e deu sinais de poder ir muito além disso, com os ambientes de navegação Mosaic, Netscape e Explorer, que surgiram nesse período.

Mesmo assim, demorava-se horas para instalar um desses programas e conseguir uma conexão por linha discada e modem de 28 Kb. E, quando, finalmente, ouvia-se o inconfundível som da conexão completada, a lentidão para se carregar uma página ou fazer o download de um arquivo ou de um programa deixava qualquer um impaciente e desmotivado.

Nesse período (1990–1994), pouco ainda se falava sobre um renascimento da educação a distância que tivesse como apoio a Internet. O conceito de 'web-based education' ou 'web-based learning' surgiu no Brasil nessa época, mas ainda não totalmente vinculado à tradicional EaD, que, especialmente no Brasil, era considerada retrógrada, de qualidade e eficiência pedagógica duvidosas.

Por volta de 1994, no entanto, as instituições de ensino superior, que vinham pesquisando as novas tecnologias e sua aplicação no ensino, começaram a trilhar o caminho da virtualidade, pesquisando as inúmeras potencialidades na área da educação advindas dela. Entre elas, podemos citar: a Escola do Futuro, laboratório de pesquisa fundado e liderado pelo professor Fredric Litto, hoje presidente da Associação Brasileira de Educação a Distância (Abed); a Universidade Anhembi Morumbi, por intermédio de seu Centro de Pesquisas Aplicadas a Comunicação e Educação (Cepac), da qual a autora deste livro fez parte durante um longo período (1990–2004); o Laboratório de Educação a Distância (LED) da Universidade Federal de Santa Catarina (UFSC), liderado pelos professores Ricardo Barcia e João Vianney; a Unicamp e seu Teleduc, com a professora Heloisa Vieira da Rocha; a Universidade Federal do Rio Grande do Sul (UFRGS), com o grupo da professora Liane Tarouco; a Universidade Virtual (Univir), liderada pelo professor Celso Niskier; a Universidade Federal de Pernambuco (UFPE) e seu grupo liderado por Paulo Cunha; entre outros. As primeiras iniciativas do chamado 'EaD.br' surgiram nesse período (1994–2000).

Pesquisadores e instituições buscavam uma proposta, um modelo de negócios, uma tecnologia, uma ferramenta para recriar o modelo tradicional da EaD. Surgiram os primeiros ambientes virtuais de aprendizagem, muito antes dos atuais Learning Management Systems (LMS). A Anhembi Morumbi criou um modelo de browser instrucional que serviu, e ainda serve, de inspiração para muitos ambientes que estão em comercialização hoje em dia. A base era a mesma do campus tradicional, ou seja, era preciso se basear em algo já existente e, de preferência, que tivesse dado certo. Portanto, o ambiente reproduzia um campus tradicional, com salas de aula, tesouraria, secretaria, biblioteca, até pátio e área para café e bate-papo.

O projeto-piloto da Anhembi Morumbi foi feito na área de Moda e deu seqüência a uma série de iniciativas interessantes, como o projeto Moda Brasil, e a identificação entre a Internet e a área de moda foi praticamente instantânea. Um dos primeiros cursos oferecidos, ainda como curso de extensão, em 1994, foi o Universo da Moda On-line, do professor Dario Caldas. Em seguida, outros cursos de moda foram surgindo, possibilitando a estruturação de uma pós-graduação em Moda e Comunicação, coordenada pela professora Kathia Castilho.

Sem dúvida, as novas mídias interativas resgataram a educação a distância no Brasil. Uma nova legislação surgiu e foi adaptada para os novos recursos e possibilidades, assim como surgiram e ainda estão surgindo diversas ofertas de cursos superiores a distância que utilizam as ferramentas da Web, do Teleduc ao Moodle, passando pelo WebCT, Blackboard, FirstClass e outros tantos recursos existentes que disponibilizam cursos e conteúdos para os alunos. A interatividade se dá por e-mail, listas de discussões, fóruns e, mais recentemente, blogs, Orkut e outros recursos existentes na Web. A EaD, agora com uma roupagem pós-moderna, cercada de interatividade por todos os lados, ressurgiu como a 'salvação' para todos os problemas educacionais e sociais, como forma de inclusão digital, meio de democratizar o acesso à informação e ao conhecimento e forma de capacitação de um grande contingente da população brasileira que necessitava de um curso de graduação.

Mas será que toda essa responsabilidade dispensada à educação a distância tem gerado o retorno esperado? A EaD tem cumprido esse papel de 'salvadora' da educação?

Quais as mudanças que a educação a distância, com o uso das novas mídias, trouxe para o ensino superior tradicional? O que realmente mudou na sala de aula presencial? E o que mudou na sala de aula virtual? Os alunos aprendem mais? Com mais qualidade?

O grande papel das novas mídias interativas foi o de fazer ressurgir e renascer a EaD tradicional. Pesquisadores, como a autora deste livro, que pouco contato tinham com o modelo e a história da EaD tradicional brasileira, tiveram de resgatar sua história para incorporar e fundamentar o uso das novas tecnologias, bem como disseminar as enormes vantagens que essas ferramentas e recursos trouxeram para o desenvolvimento da EaD. Sem dúvida, esse foi um grande mérito da tecnologia. Mas, do ponto de vista da educação, e mesmo da EaD, pouco mudaram o formato e o modelo de oferta dos cursos. O que antes era oferecido como livro ou apostila em formato impresso e entregue pelo correio passou a ser disponibilizado na Web em formato 'pdf'. O que antes era divulgado pela rádio ou no Telecurso passou a ser multimídia e estar disponível em um site. O designer instrucional começou a ser a grande estrela do processo. Professores ou educadores com conhecimento de multimídia passaram a orientar e desenhar cursos on-line e criar a chamada quarta geração da EaD, a EaD.br, modelo este que não se sustentou ainda como modelo de negócios e que vem sendo substituído pelas telas de aula e pelas teleaulas via satélite. O que de fato foi inovador?

A grande inovação ainda está por vir. E virá se retomarmos o conceito de 'rizoma' criado por Deleuze e Guattari em *Mil platôs*;[1] a inteligência coletiva idealizada por Pierre Lévy e Michel Authier;[2] o conceito de 'comunidades virtuais' descrito por Howard Rheingold;[3] as 'comunidades de prática' de Lave e Wenger[4] e os aplicarmos diretamente em projetos de educação. A tecnologia já existe; falta saber o que fazer com ela para se produzir algo novo na educação, pois, até agora, o que tem sido desenvolvido é uma cópia malfeita do modelo de ensino presencial; por isso, ainda não vingou.

Por muito tempo, os recursos tecnológicos deram, e dão, as cartas no processo de desenvolvimento dos cursos on-line e no resgate da educação a distância. Basta analisar os projetos e processos de pedidos de autorização e credenciamento de cursos de EaD encaminhados para o MEC para se perceber o uso pouco criativo e inovador das chamadas tecnologias da inteligência, como Lévy[5] descreveu.

Os cursos foram desenhados com base no modelo de ensino superior existente, em conteúdos pré-formatados, com os mesmos currículos preestabelecidos e disciplinas constituídas e construídas isoladamente, gerando poucas possibilidades de participação e interatividade do usuário no desenvolvimento e desenho de seu processo de aprendizagem. Mesmo com tanta tecnologia e interatividade, o aluno, que deveria ser o grande designer instrucional de sua própria aprendizagem, continua como espectador passivo do que se passa a sua volta.

Pior que isso, apesar dos avanços tecnológicos e das possibilidades de revolução pedagógica, os cursos superiores a distância pouco inovaram em termos de grade curricular e projeto pedagógico. As aulas expositivas transformaram-se em arquivos pdf; as apresentações, em Power Point; passaram a usar o Breeze; e as discussões em grupo passaram a se chamar fóruns ou comunidades de aprendizagem. Até mesmo a maneira como horas-aula são contadas foram baseadas nos cursos presenciais. Com as novas tecnologias e ferramentas existentes, como Orkut, YouTube, Second Life etc., é possível ir além das telas de aula e dos LMS, que, de alguma maneira, simulam o ambiente da universidade tradicional e colaboram para a amarração curricular.

É compreensível o 'medo' das instituições de ensino em inovar na EaD. Mesmo porque não vemos, hoje, uma variedade de modelos de negócios bem-sucedidos e de ótima qualidade em desenvolvimento. A possibilidade da interatividade encorajou o crescimento e oferecimento de cursos a distância, e a legislação vigente também possibilitou novas modalidades de aprendizagem, mas pouco se inovou. A inovação veio por conta da migração do modelo anterior de educação a distância, ou seja, do material impresso, enviado pelo correio, sem possibilidade ou com poucas possibilidades de interatividade de professor e aluno em tempo real, para o modelo da EaD interativa, baseada na Web, com ferramentas e recursos que permitem a interatividade, a discussão, a criação de fóruns, comunidades e grupos de relacionamento. Porém, as disciplinas dos cursos oferecidos continuam sendo, basicamente, as mesmas, e o formato das aulas também.

Além disso, o que mudou da EaD para a EaD.br foi a forma como os professores atuam, a distinção entre professor-autor e professor-tutor, e o papel do aluno de ouvinte para espectador, o que abordaremos no próximo capítulo.

De qualquer modo, o aluno/usuário ainda fica relegado a segundo plano, como se, por trás de uma máquina ou de uma tela, não houvesse sempre um sujeito que pensa, cria, imagina, resgata, sente, fala, ouve e vê; que tem um passado e um presente; que se relaciona e se emociona. Os ambientes, as tecnologias e os cursos desenvolvidos até então parecem ter se esquecido disso, ou melhor, não deram a essas questões a devida importância e prioridade.

O resultado da combinação explosiva entre ambientes focados nas tecnologias; educadores ansiosos por novos formatos educacionais; instituições de ensino ávidas por novos modelos de negócios, capazes de atingir um número cada vez maior de alunos; e empresários dispostos a investir milhões em treinamento, capacitação e instrução, buscando o melhor custo-benefício, não foi tão positivo e animador como se esperava, do ponto de vista das inúmeras relações que se estabeleceram entre esses atores.

O e-learning pode ser considerado, em muitos casos, uma versão 'maquiada' do tradicional ensino presencial, uma vez que não incorpora alterações substanciais de conceito, nem mudanças de paradigmas, mas sim uma geração de metodologias e conteúdos de ensino transposta para a Internet. As tecnologias da inteligência, apesar de tão inteligentes, não conseguem transformar o modo de se ensinar e aprender, porque, apesar da mudança das mídias, o delivery informacional continua o mesmo.

Os alunos do ensino médio de hoje, que nasceram no auge da Internet, usuários de YouTube, Ragnaroc, iTunes, Orkut, Facebooks, Kazaa, ICQ e MSN, agüentarão freqüentar um ensino superior ou um e-learning que ignore, ou mesmo subutilize, todos esses recursos que já dominam?

O boom das NTICs, o ressurgimento da educação a distância, o crescimento do ensino superior brasileiro, a necessidade de as instituições de ensino brasileiras se manterem competitivas para vencer a concorrência internacional e nacional, a democratização do acesso às tecnologias, o e-learning, a legislação propiciadora do desenvolvimento e oferta de novas modalidades de ensino, o desenvolvimento de ferramentas e tecnologias para a produção de cursos e conteúdos digitais e, paralelamente, a construção de uma sólida base teórica na área já dão sinais de que é preciso reformar e mudar, pois não é possível continuar repetindo o mesmo modelo de ensino de trinta anos atrás, ainda que com todo investimento, tecnologia e boa vontade do mundo.

A tecnologia mudou, e o máximo que conseguimos avançar foi do giz e quadro-negro para o Data Show e o Power Point ou, indo um pouco mais além, das pastas de xerox e do videotexto para os arquivos pdf, mas o papel de aluno e professor continua com o mesmo gap de cem anos atrás.

As redes de colaboração e cooperação também prometiam ser um grande espaço de colaboração e comunicação, de integração e interação, de multiplicação de saberes e de conhecimentos. Mas o que sobrou na realidade? Existe alguma diferença entre a educação a distância com o uso das tecnologias da inteligência e o modelo da sala de aula presencial tradicional? Ou o modelo da apostila impressa enviada pelo correio?

A diferença está simplesmente na metodologia pedagógica dos cursos. Ou seja, em vez de ser discursiva e baseada na exposição oral do professor presencial, a metodologia de EaD fundada em novas mídias propõe recursos de interatividade, colaboração, troca e cooperação por meio de um ambiente ou de ferramentas que possibilitem sua aplicação a distância.

O problema dos projetos de curso propostos para a graduação, sejam presenciais, sejam a distância, é que o foco continua sendo o mesmo, isto é, cria-se, desenvolve-se e valoriza-se uma hierarquia entre professores e alunos, entre o possível 'detentor' do conhecimento e seu receptor, o ativo e o passivo, o ator e o espectador, o desenvolvedor e o usuário, o professor e o aluno.

Iniciativas de formação de redes, como o Instituto Universidade Virtual Brasileira (UVB), e a abertura que a legislação está promovendo têm despertado nas Instituições de Ensino Superior (IES) o interesse no desenvolvimento de recursos de aprendizagem utilizando as novas mídias interativas. Acreditamos, contudo, que ainda estamos engatinhando nesse processo, uma vez que o atual formato de educação a distância não apenas continua a se basear no paradigma do emissor–receptor, como trabalha com poucos recursos de interatividade e de colaboração e, menos ainda, com a construção coletiva do conhecimento.

Até agora, os avanços têm sido relativamente tímidos. Por outro lado, há projetos em desenvolvimento, principalmente por grupos informais, que apontam alternativas para propiciar a troca e o compartilhamento de conhecimento. Muita coisa ainda pode ser feita, desde que se ultrapasse o limite do convencional e do usual para propor novas metodologias de ensinar e aprender baseadas nas possibilidades das novas mídias.

Tecnologias da inteligência aplicadas na educação: objetos de aprendizagem, comunidades virtuais de aprendizagem, wikis e blogs. Serão essas as tecnologias capazes de indicar o caminho para a construção coletiva do conhecimento e a reformatação do atual sistema de ensino? Acreditamos e esperamos que sim.

A tecnologia, que todos achavam que transformaria a EaD em um grande *business case*, muitas vezes propiciou um grande fiasco. *Small is beautiful* — o pequeno é bonito! Menos pode ser mais, na escolha dos recursos da mediação. Menos tecnologia e mais pedagogia. Para muitos, a tecnologia para tornar possível a colaboração a distância em comunidades virtuais pode (e deve!) ser extremamente simples. É isso o que defendem, por exemplo, os adeptos do minimalismo tecnológico em educação a distância.

O minimalismo tecnológico é definido como "o uso não apologético de níveis mínimos de tecnologia, cuidadosamente escolhidos com atenção precisa em relação a suas vantagens e limitações, no suporte de objetivos instrucionais bem definidos".[6] A escolha deveria ser o menor nível de tecnologia necessário para atingir o objetivo pedagógico.

Devem-se levar em conta a falta de experiência de alunos e professores, o custo, a infra-estrutura da instituição (e a necessária para os alunos) e o tempo necessário para o aprendizado da tecnologia para as escolhas tecnológicas de um projeto de EaD. Não devemos considerar que apenas as mídias mais caras sejam úteis na educação a distância. É necessário ter consciência do que a tecnologia pode e não pode fazer, a fim de minimizar as chances de fracasso.

Feita a opção pela tecnologia, professores e alunos devem então ser treinados adequadamente nas ferramentas, para que o foco, durante o curso, seja mantido no ensino e na aprendizagem. A tecnologia não pode ser um ruído a atrapalhar o estudo.

Nesse sentido, é essencial montar uma caixa de ferramentas eletrônicas. Este capítulo, daqui por diante, explorará diversas opções tecnológicas disponíveis tanto para o professor quanto para o próprio aluno virtual.

4.2. Caixa de ferramentas

Os dados do *Anuário Brasileiro Estatístico de Educação Aberta e a Distância* (Abraed)[7] mostram que, em EaD no Brasil, as escolas utilizam intensamente os recursos das reuniões e do professor presencial; material impresso, carta e fax ainda são mídias extremamente utilizadas; o telefone ainda funciona como uma das formas mais importantes de apoio ao aluno; e o e-mail é umas das mídias preferidas no caso da EaD on-line. Percebe-se também que, conforme caminhamos para os cursos de graduação, pós-graduação e para a educação corporativa, aumenta substancialmente o uso da multimídia e da Internet em comparação com a educação básica. Nossos comentários, a partir daqui, estarão voltados para os ambientes, ferramentas e tecnologias de multimídia e on-line disponíveis tanto para o professor quanto para os alunos e as instituições de EaD. Sempre que possível, e conveniente, destacaremos também as opções gratuitas.

4.2.1. Setup de máquina

Inicialmente, é necessário que o aluno e o professor de EaD se equipem com um computador robusto e acessórios, como um bom microfone, fone de ouvido, placas de vídeo e som potentes, caixas de som, webcams etc. e, se possível, uma boa máquina fotográfica e filmadora digital.

Para rodar o computador é preciso um sistema operacional. O Microsoft Windows já vem instalado em muitos computadores, e os mais novos incluem o Windows Vista, embora exista hoje uma opção popular e grátis, o Linux.

É preciso também manter sempre um antivírus atualizado e ativo em seu computador. O Norton é um dos pacotes mais utilizados, mas existem boas opções sem custo, como o AVG ou o Avast.

Diversos softwares de administração de informação no PC (Personal Computer) são igualmente importantes, como o Winrar (que descompacta arquivos zipados), o Copernic (que ajuda a buscar arquivos) e o Picasa (*freeware* que organiza imagens e faz pequenos ajustes nelas).

Você vai precisar de um processador de textos e, muito provavelmente, de uma planilha eletrônica. Programa bastante popular e cheio de recursos (mas pago!) é o Microsoft Office, pacote que contém o Word (processador de textos), o Excel (planilha) e o Power Point (para apresentações), entre outros. Existem hoje, entretanto, ofertas sem custo, como o Open Office.

Você vai necessitar também de alguns programas para ler arquivos, como o Adobe Acrobat Reader (para ler arquivos pdf) e o Flash Player (para rodar programas em flash). Esses são padrões utilizados no mundo todo, e os programas para ler esses arquivos podem ser baixados gratuitamente pela Internet.

Por fim, será necessário acesso por banda larga à Internet e um navegador. O Internet Explorer é o navegador mais popular, mas existem outras opções interessantes, como o Netscape e o Mozilla Firefox.

4.2.2. Ferramentas de autoria

As ferramentas de autoria podem ser divididas em dois grandes grupos: as que servem para construir elementos individuais a serem incluídos em um curso e as que permitem a construção de um curso completo. Mesmo no caso de você utilizar uma ferramenta do segundo grupo, que normalmente lhe permite fazer o trabalho todo, você provavelmente precisará de ferramentas adicionais para auxiliá-lo com elementos individuais mais complexos, que podem ser depois inseridos no curso.

Ferramentas para a produção de elementos

Exemplos de ferramentas para produção de elementos individuais são as que permitem criação e edição de objetos gráficos. Dentre esses softwares, podemos distinguir os *painting programs*, programas para edição de imagens, fotos e gráficos, como o Adobe

Photoshop, o Macromedia Fireworks e o Corel Paint Shop Pro, para os quais hoje existe uma opção gratuita, o GIMP; e os *drawing programs*, softwares para desenho, como o Corel Draw, o Adobe Illustrator e o Macromedia FreeHand.

Você precisa igualmente ser capaz de produzir, gravar e editar vídeo e áudio. No caso de vídeo, são bastante utilizados o Premiere e o After Effects, ambos da Adobe; o Sony Vegas; o Pinnacle Studio; o Apple Final Cut e o Microsoft Windows Movie Maker. Para música, há também excelentes programas, como Cakewalk Sonar, Sony Sound Forge, Nuendo/Cubase, Finale, Fruity Loops, Sony Acid e Reason, e como opções gratuitas podem ser citados o Audacity e o Anvil Studio. Cada um desses softwares, tanto para vídeo quanto para áudio, servem para diferentes propósitos, que devem ser avaliados em função dos seus objetivos. O Windows Media Encoder serve tanto para vídeo quanto para áudio.

Você pode também criar simulações, tutoriais, exercícios e testes para incluir em seus cursos, e para isso existem várias opções específicas de softwares, como o Adobe Captivate. Os testes podem ser criados com níveis de dificuldades, de maneira que o aluno seja guiado pelo sistema em função de seus próprios acertos e erros: quando erra, volta automaticamente aos exercícios mais simples; se acerta, pula para os mais complexos. Soluções criativas têm também utilizado games e mesmo ambientes de realidade virtual em EaD.

Por fim, você deve ser capaz, ainda, de produzir arquivos pdf de qualidade, e o programa de diagramação que tem se tornado padrão, em substituição ao PageMaker e ao QuarkXPress, é o Adobe InDesign. A mídia impressa é essencial em EaD, por sua praticidade e economia, e um arquivo pdf pode servir, por exemplo, como guia para o estudo e para o curso. Para edições em grupo de pdfs, há o padrão Adobe Acrobat. Vários programas, como o próprio Word, já convertem hoje automaticamente arquivos para pdf, sem, entretanto, vários dos recursos que o Adobe InDesign e Acrobat oferecem. Dois exemplos de softwares gratuitos bastante práticos e interessantes para esse propósito são o PDFill e o CutePDF Writer.

Ferramentas para a produção de um curso completo

Cursos completos podem ser produzidos com softwares utilizados na confecção de sites para a Web, mesmo que o curso seja produzido para CD, apesar de essas ferramentas não serem voltadas especificamente para EaD. Exemplos bastante populares hoje são o Dreamweaver e o Flash, ambos da Macromedia. Este último tem se tornado um padrão para a produção de conteúdo para EaD, chegando a ter um 'clone', bem mais barato e simples de aprender, mas também com menos recursos, o Swish. O Flash é um programa muito interessante, pois, além de produzir animações que podem funcionar como elementos a serem exportados para outros programas, possui uma dupla interface, visual e de programação (ActionScript). Portanto, é possível produzir interessantes animações e conteúdo multimídia no Flash sem conhecer nada de programação e, ainda, aperfeiçoar a qualidade do material, caso deseje lidar com código.

Têm se tornado também cada vez mais populares os programas que transformam conteúdo produzido em Power Point (um software que boa parte dos professores hoje domina) em Flash. Há inúmeras opções disponíveis atualmente, desde softwares livres até bem caros, que podem até mesmo criar testes na versão final do seu conteúdo adicionando novos menus ao menu tradicional de seu Power Point. Um exemplo bastante interessante, apesar de caro, é o Articulate. Um software que também realiza essa transformação, além de vários outros recursos, é o Macromedia Breeze.

Existem softwares para produção específica de material para EaD, por vezes extremamente caros e com longas curvas de aprendizado, mas é essencial destacar o incrível progresso do que se denomina hoje *rapid e-learning*, que inclui softwares cada vez mais simples e intuitivos para desenvolvimento de conteúdos multimídia. Um exemplo interessante é o Lectora (da empresa Trivantis). Esses softwares incluem, em princípio, todas as ferramentas básicas para a produção dos elementos a serem utilizados no curso, entre elas elementos gráficos, captura de telas, animações, som, testes etc.; portanto, seu domínio torna o professor proficiente na produção de conteúdo rico de multimídia.

4.2.3. Ferramentas de tutoria

Um curso pode ser ministrado em qualquer lugar da Web, ou mesmo por simples grupos de discussão que utilizem e-mails, mas existem robustas plataformas desenvolvidas especificamente para ministrar cursos on-line, denominadas Learning Management Systems (LMS), que acompanham e administram o aprendizado do aluno e oferecem vários recursos para o professor, como quadro de avisos, fóruns, chats, criação de exercícios etc. Além disso, existem ainda inúmeras ferramentas informais, ou mesmo grátis, disponíveis na própria Web que podem ser utilizadas com sucesso na tutoria em EaD. A seguir, exploraremos as mais importantes.

LMS

É importante registrar que existem variações para a denominação Learning Management Systems (LMS), como: Course Management System (CMS), Learning Content Management System (LCMS), Managed Learning Environment (MLE), Learning Support System (LSS), Learning Platform (LP) ou mesmo Learning Information Management System (Lims).

Em português, utilizam-se as denominações 'ambientes virtuais de aprendizagem' (AVAs), 'plataformas virtuais' ou simplesmente 'ambientes virtuais'.

Há hoje muitas opções para as instituições e o professor, e indicaremos a seguir apenas as mais utilizadas.

O Blackboard é o LMS proprietário internacional líder de mercado, embora, talvez pelo custo, não seja utilizado por muitas instituições no Brasil. O sistema oferece inúmeras funcionalidades, como fóruns, chats, divisão da turma em grupos, criação de exercícios etc.

A Figura 4.1 mostra a imagem de uma tela de interface de uma disciplina (Filosofia e Ética Profissional), ministrada pelo autor deste livro no primeiro semestre de 2007, na Universidade Anhembi Morumbi, aberta na parte de fóruns de discussão.

No início de 2006, a empresa Blackboard Inc. conseguiu uma patente de um sistema (e seus respectivos métodos) para implementar educação on-line que incluía lições, avisos, material dos cursos, chat e outras ferramentas. Com a patente, ela processou a concorrente Desire2Learn, o que causou revolta e reações de muitos profissionais e organizações de EaD, que começaram a temer que as próprias universidades pudessem ser processadas. A Desire2Learn respondeu questionando a validade da patente, uma vez que já existia tecnologia similar antes do pedido da patente por parte da Blackboard, que, segundo se dizia, teria consciência disso. Além do mais, a Desire2Learn também se defendeu dizendo que não estaria infringindo nenhum dos pontos da patente. O desenrolar dessa disputa legal tende a ser muito importante para o futuro do mercado de LMS e da própria EaD de maneira geral, portanto vale a pena ser acompanhado.

O WebCT, outro importante LMS, foi adquirido pela empresa Blackboard em 2006.

Outros LMS de destaque internacional são o próprio Desire2Learn, o Angel Learning, o IntraLearn e o FirstClass.

A empresa eCollege, recentemente adquirida pela Pearson, oferece não apenas um ambiente de administração de aprendizagem, mas também infra-estrutura e suporte para as escolas que utilizam o sistema, suporte para alunos, treinamento para professores e desenvolvimento de cursos a distância. Ou seja, ela se diferencia da concorrência por oferecer um pacote completo de EaD.

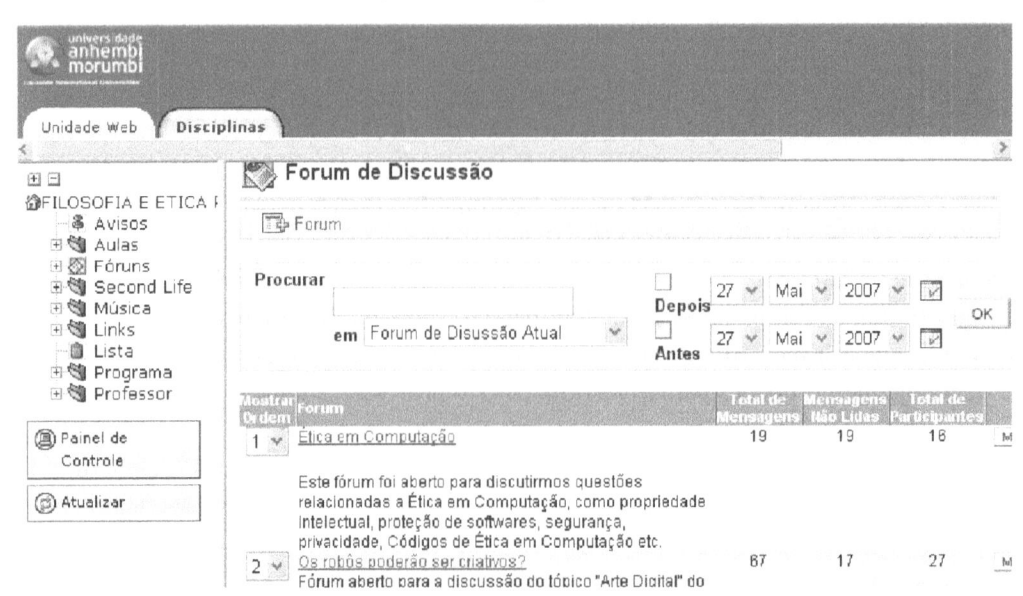

FIGURA 4.1: Tela de interface de disciplina aberta na parte de fórum de discussão.

Há opções interessantes de LMS de códigos aberto e gratuito, como o .LRN e o Sakai Project. O Modular Object-Oriented Dynamic Learning (Moodle), criado em 2001, tem sido cada vez mais utilizado por diversas instituições no Brasil.

O professor tem a opção de criar e desenvolver conteúdo com imagens, áudio e vídeo a ser apresentado ao vivo para seus alunos, o que se denomina *webcast*, que pode envolver interação de professor e alunos. O Breeze, já citado, é um dos exemplos desse tipo de ferramenta.

Existem também LMS desenvolvidos no Brasil, como o WebAula, e gratuitos, como o TelEduc e a AulaNet.

Muitas instituições de ensino no Brasil desenvolveram suas próprias plataformas, para uso próprio e sem interesse comercial imediato. A tendência, nos parece, é que no futuro os LMS tornem-se *commodities* gratuitas, como os browsers, deslocando-se o valor para os cursos ou outros recursos a eles agregados.

Repositórios de objetos de aprendizagem

Os repositórios de objetos de aprendizagem, como o Multimedia Educational Resource for Learning and Online Teaching (Merlot),[8] podem na verdade ser utilizados tanto para a autoria quanto para a tutoria em cursos a distância. O professor pode incorporar esses objetos na produção de conteúdo e na proposição de atividades durante o andamento de uma disciplina. No Brasil, devem ser destacados os projetos Rede Interativa Virtual de Educação (Rived),[9] coordenado pela Seed, e o Laboratório Didático Virtual (LabVirt),[10] coordenado pela Escola do Futuro da USP.

Elementos mais simples podem ser utilizados em cursos ou mesmo na produção de objetos de aprendizagem. Partners in Rhyme[11] é um site de onde podem ser baixados diversos tipos de arquivos de áudio, desde efeitos sonoros e loops até composições completas. O Mutopia Project[12] oferece arquivos de músicas completas em Midi (*Musical Instrument Digital Interface* — interface digital para instrumentos musicais), principalmente músicas clássicas. O Clipart.com[13] oferece imagens, fotos, ilustrações etc. para download. A Animation Factory[14] oferece diversos tipos de animações. Há ainda diversos sites para baixar animações produzidas especificamente em Flash.

Não é preciso dizer que a oferta de textos na Internet é infinita. Nesse sentido, é importante que os alunos sejam direcionados a sites importantes para pesquisa, como o Scielo[15] ou os bancos de dados de dissertações de mestrado e teses de doutorado, como o Teses USP.[16]

A Biblioteca Virtual Pearson,[17] por exemplo, é uma das novas maneiras de acessar on-line o conteúdo de livros. Você paga um valor de 'aluguel', tendo por um período o direito de acesso a um arquivo pdf com a mesma diagramação do livro e liberdade para imprimir parte do material.

O professor tem à sua disposição na Internet, portanto, elementos e objetos de aprendizagem suficientes para a tutoria nas mais diversas disciplinas.

Ferramentas informais de tutoria

Várias ferramentas informais podem ser utilizadas com bastante sucesso na tutoria em EaD.

Além do Skype, podemos lembrar, por exemplo, do MSN (hoje Windows Live Messenger), que permite também comunicação telefônica. Por mais de uma vez, o autor deste livro propôs atividades em grupo a seus alunos, dentro de um LMS que oferecia diversas ferramentas de interação para os grupos, como troca de e-mails, arquivos, fóruns e chats, mas eles preferiram se retirar do ambiente para desenvolver a atividade em grupo no MSN, retornando posteriormente ao LMS para registrar o resultado do trabalho desenvolvido. A facilidade e a popularidade do MSN não podem ser desprezadas na condução de cursos a distância.

Outra ferramenta freqüentemente subutilizada em EaD é o Orkut. Como simples ambiente informal para comunicação entre alunos e professores, por si só, já se justifica a inclusão na caixa de ferramentas de EaD. Boa parte dos alunos sente-se mais confortável comunicando-se com o professor pelo Orkut do que pelos ambientes tradicionais e oficiais dos cursos. Além disso, podem-se sugerir pesquisas, intervenções ou a construção de comunidades como atividades pedagógicas.

A pesquisa em blogs acadêmicos ou educativos, assim como a proposta de atividades de construção de blogs por parte dos alunos, tem sido cada vez mais utilizada em EaD. A facilidade na criação e publicação, a possibilidade de construção coletiva e o potencial de interação tornam os blogs uma ferramenta pedagógica de destaque para a educação a distância.[18]

Para veiculação de vídeos, o YouTube tornou-se rapidamente um padrão, não só pela facilidade para disponibilizar e assistir a vídeos (o que, há poucos anos, era praticamente impossível pela Web), mas também pela possibilidade de os alunos apresentarem seus trabalhos para um público externo, e não apenas a seus colegas de curso.

SitePal é outro serviço, disponível on-line, que permite a criação de avatares cujos lábios se mexem na reprodução de gravações de voz. As gravações são editadas e armazenadas pelo próprio servidor da empresa. Esses personagens podem funcionar como excelentes guias em cursos a distância, e o serviço pode converter textos escritos em áudio (mas, até agora, essa opção não existe para a língua portuguesa).

Outros exemplos de poderosas ferramentas informais que podem ser utilizadas em EaD são o Google Earth, dicionários (como o Priberam) e tradutores (como o Babylon).

Web 2.0

O desenvolvimento da Web 2.0 aponta a migração dos softwares dos PCs para a Web, e nesse sentido o professor e o aluno precisam também tornar-se proficientes no uso desses recursos disponíveis atualmente on-line e, muitas vezes, grátis.

Dos mainframes, na década de 1960, passamos aos PCs, ao uso da Internet e agora à Web 2.0, suportada pela popularização da banda larga. O termo 'Web 2.0' foi criado em 2004 por Tim O'Reilly.

A idéia da Web 2.0 é de que vários aplicativos que rodam em nossos computadores, como editores de texto e planilhas, fiquem disponíveis na Web. Em qualquer lugar do mundo, sem carregar CDs, DVDs ou *pen drives*, arquivos podem hoje ser acessados e modificados, sem a necessidade de fazer back-up. É possível igualmente trabalhar com outros usuários, em diferentes lugares do mundo, sem a necessidade de ter o software instalado em seu PC. Ou seja, o browser fica sendo a nova plataforma de trabalho da Web 2.0, sem a necessidade de ter aplicativos no computador.

Ambientes wikis podem também ser incorporados pelo professor em seu trabalho de desenvolvimento de conteúdo e tutoria colaborativa. O Wiki é um software colaborativo que permite a edição coletiva dos documentos de maneira simples. Em geral, não é necessário registro, e todos os usuários podem alterar os textos sem que haja revisão antes de as modificações serem aceitas. Um exemplo de ambiente wiki que utiliza o conceito de inteligência coletiva é a Wikipédia, que em pouco tempo se tornou uma ameaça às enciclopédias tradicionais e de propriedade particular.

O Google Textos e Planilhas (ou Google Docs), por exemplo, é um processador de textos e planilha gratuito, que não precisa ser instalado no computador e que permite a produção colaborativa de documentos e seu salvamento automático nos servidores Google. A tendência é a oferta on-line e grátis do Google Office. Em resposta, a Microsoft lançou o Windows Live e o Office Live.

Alguns softwares, como o NetVibes e a própria barra de ferramentas do Google, permitem não só que você selecione e leia diariamente as notícias que lhe interessam, entre as mais diversas fontes de RSS da Web, como também registre seus links favoritos, centralize a leitura de e-mails, anexe arquivos e assim por diante, criando seu portal individual. Com essas ferramentas, o professor e os próprios alunos podem criar páginas que passam a ser alimentadas pela própria máquina, ou seja, objetos de aprendizagem que, a partir do momento em que são criados, tornam-se autônomos.

Muitas plataformas, também gratuitas, como Megaupload e 4shared, permitem hoje que seja feito upload e armazenamento de arquivos pesados na Internet, dos quais o próprio usuário, ou outros, podem posteriormente fazer download. Redes peer-to-peer (P2P), como Kazza, eMule e Gnutella, possibilitam que usuários compartilhem gratuitamente arquivos, vídeos e músicas pela Internet.

Orkut, blogs e YouTube, que já comentamos, são outros exemplos de plataformas grátis e disponíveis na Internet.

A Web 2.0 deu origem ao que foi batizado de desktop móvel, mas cuja denominação mais apropriada seria PC móvel ou webtop: ela torna praticamente desnecessária a propriedade de um PC, pois é possível manter todo o conteúdo do seu computador on-line, manejando-o em qualquer momento e de qualquer máquina, incluindo aplicativos ou mesmo sistemas operacionais. Com o desenvolvimento da Web 2.0, a tendência é que o único software que precise estar instalado no PC seja um browser. Já se fala até mesmo em Web 3.0, que incorporaria recursos de inteligência artificial, tornando as ferramentas ainda mais inteligentes e facilitando a organização e a busca de informações.

Todos os exemplos que comentamos apontam para essa tendência: a oferta gratuita de aplicativos de interatividade na Internet, sem a necessidade de instalá-los no computador nem de fazer back-ups. Ou seja, nossos computadores estão migrando para a Web, e os professores, alunos e instituições precisam estar atentos a essa mudança.

4.3. Second Life

Para finalizar, gostaríamos de tecer alguns comentários sobre uma nova ferramenta que surge como promissora novidade para a caixa de ferramentas em EaD: o Second Life. Para alguns, não passa de um simples 'joguinho'; para outros, é o futuro da Web, com o conceito de 'ilhas', que substitui o de sites; de 'trilhas', que substitui o de menu; a não-necessidade de utilização de um browser; e o código aberto.

O Second Life é um ambiente colaborativo de realidade virtual, com interface 3-D, em que é possível montar seu avatar, construir, comprar, vender objetos (ou seja, um ambiente que contempla, virtualmente, o conceito de propriedade intelectual) e que, por isso, possui sua própria moeda, o 'lindendolar'.

As instituições educacionais que já participam do Second Life parecem, até agora, estar lá principalmente para marcar presença e fazer marketing, mas já há pesquisas em realização sobre as potencialidades da ferramenta para a EaD e mesmo algumas experiências pioneiras.[19]

Enxergamos de imediato a possibilidade de ampliar a riqueza dos chats com a realização de 'aulas ao vivo' no Second Life. Participar de uma aula em um ambiente 3-D traz lembranças espaciais e visuais, que praticamente não existem nos chats e que podem funcionar como elementos de reforço para o aprendizado. Depois de participar de uma aula no Second Life, você se lembra de onde sentou, do visual de seus colegas de classe, da posição do professor, dos sons que ouviu, dos slides e vídeos aos quais assistiu e assim por diante, e tudo isso acaba sendo associado ao conteúdo estudado, auxiliando em sua memorização e incorporação e na conseqüente reflexão sobre esse conteúdo.

Além disso, o ambiente é ideal para a simulação. Por exemplo, pode-se dividir uma classe de marketing em grupos, com o desafio de cada grupo criar um produto e comercializá-lo, medindo-se então os resultados em um ambiente de realidade virtual quase real, em que o dinheiro desempenha um papel de reforço à simulação.

Aulas de engenharia, design, arquitetura e afins podem, é claro, ser realizadas no Second Life com sucesso. A compreensão do aluno pode ser julgada pelo artefato produzido, no processo denominado *learning by design* (aprendizado pelo design). Objetos podem também ser explorados pelos alunos, por exemplo, em um curso de arqueologia.

Enfim, parece que uma nova e instigante ferramenta informal poderá ser acrescentada em breve ao kit de ferramentas para tutoria em EaD.

Há sem dúvida ainda vários limitadores, como a necessidade de baixar o software e o elevado nível de exigências de hardware para que o programa possa rodar, além da longa curva de aprendizado para utilizar a ferramenta e, principalmente, para construir objetos. De qualquer maneira, o uso de ambientes virtuais 3-D, especialmente desenvolvidos para uso educacional, tende a se tornar uma realidade em brevíssimo tempo na EaD.

4.4. O mix correto

A chamada para os trabalhos do Congresso da Abed de 2007 dizia: "É possível afirmar que ainda não vimos no Brasil o que é conhecido na comunidade de informática e na Internet como um *'killer application'* (um dispositivo ou característica tão bem bolada que essencialmente 'mata' todos os concorrentes)".[20]

Talvez a questão não esteja exatamente no aparecimento de um *'killer application'*, mas sim na construção de uma caixa de ferramentas rica e balanceada para a EaD. Uma caixa de ferramentas 2.0 pode ser a *'killer application'* de que o professor, o aluno e as instituições precisam, mas não para 'matar' seus concorrentes, e sim para elevar o nível do que se faz em EaD, para aperfeiçoar o processo de ensino e aprendizagem a distância. Uma caixa de ferramentas gratuita, virtual e disponível para todos na Web, como vimos. O desafio é montá-la, justamente pelas infinitas possibilidades de combinação. Para isso, é necessário que os professores e as instituições compreendam as riquezas e fraquezas de cada tecnologia. Mas também que as testem.

Ao tentar evitar o risco de nos tornarmos extropistas,[21] nos arriscamos a cair no outro extremo, e como luditas desconfiar de tudo que é novo, repetindo sempre as perguntas conservadoras: o que essa tecnologia faz que a anterior não fazia? O que é possível fazer de novo com essa tecnologia? Como profissionais de EaD, nossa obrigação é estar sempre prontos a testar o potencial didático de novas ferramentas, para que então passemos a exercitar a pedagogia sobre a tecnologia. A tecnologia faz parte da definição de EaD, não apenas da EaD on-line; portanto, temos de enfrentar a síndrome do pânico tecnológico, mesmo porque nossos alunos chegam cada vez mais bem formados tecnologicamente do que nós. Como afirma Pierre Lévy:

> Que o filósofo ou o historiador devam adquirir conhecimentos técnicos antes de falar sobre o assunto, é o mínimo. Mas é preciso ir mais longe, não ficar preso a um 'ponto de vista sobre [...]' para abrir-se a possíveis metamorfoses *sob o efeito* do objeto. A técnica e as tecnologias intelectuais em particular têm muitas coisas para ensinar aos filósofos sobre a filosofia e aos historiadores sobre a história.[22]

E os alunos têm, também, muita coisa a ensinar aos educadores e aos próprios alunos sobre educação. Obter o mix correto, não só no uso de tecnologias, mas também nas diferentes possibilidades de interação, até mesmo do aluno com o conteúdo, é um dos desafios da EaD no século XXI. Misturas apropriadas resultarão em aprendizado de maior qualidade e em novas e excitantes oportunidades educacionais; misturas inapropriadas serão caras, exclusivistas e exigentes.[23] Mas, para chegar à mistura correta, cada um tem de fazer suas próprias experiências.

Notas

1. DELEUZE, Gilles e GUATTARI, Félix. *Mil Platôs*: capitalismo e esquizofrenia. São Paulo: Editora 34, v. 5, 2000.
2. LÉVY, Pierre; AUTHIER, Michel. *As árvores de conhecimentos*. São Paulo: Escuta, 1995; LÉVY, Pierre. *A inteligência coletiva:* por uma antropologia do ciberespaço. 3. ed. São Paulo: Loyola, 2000.
3. RHEINGOLD, Howard. *A comunidade virtual*. Lisboa: Gradiva, 1997.
4. LAVE, Jean; WENGER, Etienne. *Situated learning:* legitimate peripheral participation. Cambridge, England: Cambridge University Press, 2002; WENGER, Etienne. *Communities of practice:* learning, meaning, and identity. Cambridge, England; New York: Cambridge University Press, 1999; WENGER, Etienne; McDERMOTT, Richard; SNYDER, William. *Cultivating communities of practice*: a guide to managing knowledge. Boston, Mass.: Harvard Business Schol Press, 2002.
5. LÉVY, Pierre. *As tecnologias da inteligência:* o futuro do pensamento na era da informática. Trad. Carlos Irineu da Costa. Rio de Janeiro: Editora 34, 1993.
6. COLLINS, Mauri; BERGE, Zane L. "Technological minimalism in distance education". Disponível em: <http://technologysource.org/article/technological_minimalism_in_distance_education/>. Acesso em: 23 maio 2007 (Tradução livre).
7. *Anuário Brasileiro Estatístico de Educação Aberta e a Distância*, 2007, p. 65 e 86-89.
8. Disponível em: <http://www.merlot.org/merlot/index.htm>. Acesso em: 31 maio 2007.
9. Disponível em: <http://rived.proinfo.mec.gov.br/>. Acesso em: 31 maio 2007.
10. Disponível em: <http://www.labvirt.futuro.usp.br/>. Acesso em: 31 maio 2007.
11. Disponível em: <http://www.partnersinrhyme.com/>. Acesso em: 31 maio 2007.
12. Disponível em: <http://www.mutopiaproject.org/>. Acesso em: 31 maio 2007.
13. Disponível em: <http://www.clipart.com/en/>. Acesso em: 31 maio 2007.
14. Disponível em: <http://www.animationfactory.com/en/>. Acesso em: 31 maio 2007.
15. Disponível em: <http://www.scielo.br/>. Acesso em: 31 maio 2007.
16. Disponível em: <http://www.teses.usp.br/>. Acesso em: 31 maio 2007.
17. Disponível em: <http://www.bvirtual.com.br>. Acesso em: 31 maio 2007.
18. O autor deste livro mantém um blog educativo, De Mattar, disponível em: <http://blog.joaomattar.com>. Será um prazer recebê-los por lá!
19. O autor deste livro mantém uma página com links e comentários sobre essas experiências, disponível em: <http://blog.joaomattar.com/second-life/>.
20. Disponível em: <http://www2.abed.org.br/noticia.asp?Noticia_ID=265>. Acesso em: 19 jul. 2007.
21. Aqueles que acreditam que a tecnologia poderá resolver todos os problemas da humanidade.
22. LÉVY, Pierre. *As tecnologias da inteligência*... cit., p. 11.
23. ANDERSON, Terry. "Modes of interaction in distance education: recent developments and research questions". In: MOORE, Michael Grahame e ANDERSON, William G. (Eds.). *Handbook of distance education*. Mahwah, NJ: Lawrence Erlbaum, 2003, p. 141.

5. Novos papéis para o aluno, o professor e a instituição

O progresso da EaD e o surgimento das novas mídias interativas alteraram radicalmente o panorama do ensino e da aprendizagem, e neste novo cenário tanto os alunos quanto os professores, e as próprias instituições, passaram a desempenhar novos e diferentes papéis. Vejamos quais são eles.

5.1. Aluno

5.1.1. O aluno universal

Sem dúvida, a EaD traz novas (e diversas) possibilidades e oportunidades de aprendizagem para os alunos, independentemente de sua localização geográfica ou dos horários em que possam estar disponíveis para freqüentar um curso. Os que antes não podiam freqüentar uma instituição de ensino, como os que residem longe dos grandes centros ou que não podem abandonar fisicamente seu local de trabalho, podem agora se educar a distância. Com a Internet, um aluno de qualquer lugar do planeta pode complementar sua aprendizagem, formal ou informalmente, por intermédio de disciplinas, conteúdos e cursos a distância. Não é mais preciso estar na mesma cidade, na mesma região, nem no mesmo país da instituição de ensino.

Surge com a EaD também uma oportunidade ainda pouco explorada: *a do aluno universal*. Um estudante pode cursar disciplinas de informática no Massachusetts Institute of Technology (MIT), administração em Harvard, hotelaria em universidades suíças, literatura em universidades francesas, filosofia em universidades alemãs, direito em universidades italianas etc. (imaginando-se que todas essas universidades ofereçam programas de educação a distância). Ou seja: o aluno tem nas mãos a oportunidade de participar de diversas instituições de ensino, simultaneamente, e até mesmo escolher as que mais se adaptam a seus interesses, podendo posteriormente permanecer períodos mais longos em seus campi, se assim desejar; o que, no esquema tradicional de ensino, implicaria gastos financeiros, de tempo e de energia, matrículas e mudanças de moradia, até que o processo de teste, erros e acertos pudesse ser mais bem avaliado.

5.1.2. O aprendiz virtual

O desenvolvimento da EaD criou um novo tipo de personagem em nossa sociedade, que pode ser batizado de 'aprendiz virtual'.

Em primeiro lugar, em EaD o centro do processo de ensino e aprendizagem não é mais o interesse do professor na disciplina, mas sim o que o aluno precisa aprender. O aprendiz, portanto, deve ser levado em conta na fase do planejamento e da implementação da experiência de aprendizado a distância, e não apenas no final, quando o conteúdo de um curso a distância já estiver pronto.

Em segundo lugar, esse aprendiz não precisa mais estar fisicamente presente em um ambiente para aprender: ele o faz em qualquer lugar. Além disso, seu aprendizado é também contínuo e permanente: o estudo não é mais encarado, em nossa sociedade, como algo que deva ocorrer somente em determinado momento da vida, mas sim algo que deve nos acompanhar por toda a vida, isto é, tempo e espaço não são mais limites para as ambições de conhecimento do aprendiz virtual.

Na verdade, o aprendiz virtual não deve ser concebido apenas como uma pessoa: comunidades e organizações também aprendem nesse novo cenário, não apenas indivíduos. Tanto que se tornou cada vez mais comum, na teoria da administração, falar sobre gestão do conhecimento nas empresas, seja do conhecimento dos colaboradores da empresa, seja do conhecimento da própria empresa, como organização.

5.1.3. Aprender a aprender

O aprendizado é uma das marcas da sociedade da informação e do conhecimento, e, nessa nova sociedade, a educação a distância é essencial porque permite que os alunos aprendam 'face a face, a distância'.

O desafio para o aprendiz virtual, portanto, é desenvolver diferentes abordagens para o seu aprendizado — de maneira que ele se torne capaz de 'aprender a aprender' com diferentes situações que enfrentará na vida, não apenas em uma instituição de ensino formal. O essencial, hoje, não é se encher de conhecimentos, mas sim a capacidade de pesquisar e avaliar fontes de informação, transformando-as em conhecimento.

Connie Dillon e Bárbara Greene, em um interessante artigo denominado "Learner differences in distance learning: finding differences that matter",[1] diferenciam o 'aprendizado de superfície', associado à leitura e memorização, da estratégia de 'aprendizado profundo', em que o aprendiz deve processar novas informações em função de como elas se relacionam ao conhecimento já existente, o que resultaria em uma compreensão mais adequada: "A informação a ser aprendida é elaborada e integrada com o conhecimento já residente na memória" (Dillon e Greene, 2003:240).

Outra estratégia importante para o aprendiz virtual, já recorrente nos textos sobre EaD, é o que se denomina 'metacognição': a habilidade de avaliar continuamente a sua compreensão, analisar abordagens alternativas, selecionar uma ou mais abordagens e reavaliar sua compreensão (Hannafin et al., 2003:246)[2], ou seja, observar sua própria aprendizagem, auto-avaliar-se.

5.1.4. Perfil e papel do aprendiz virtual de sucesso

Rena Palloff e Keith Pratt traçam um interessante perfil do aluno virtual de sucesso. O aluno virtual precisa ter acesso a um computador e a um modem ou conexão de alta velocidade e saber usá-los; ter a mente aberta e compartilhar detalhes sobre sua vida, seu trabalho e outras experiências educacionais; não pode se sentir prejudicado pela ausência de sinais auditivos ou visuais no processo de comunicação; deve desejar dedicar uma quantidade significativa de seu tempo semanal a seus estudos e não ver o curso como 'a maneira mais leve e fácil' de obter créditos ou um diploma; os alunos virtuais são, ou podem passar a ser, pessoas que pensam criticamente; a capacidade de refletir é outra qualidade fundamental para o aluno virtual de sucesso; finalmente, o que talvez seja o mais importante: o aluno virtual acredita que a aprendizagem de alta qualidade pode acontecer em qualquer lugar e a qualquer momento.[3]

Os aprendizes devem ter novas habilidades para serem capazes de estudar em ambientes informatizados de aprendizagem, característicos da sociedade da informação e do conhecimento: autodeterminação e orientação, capacidade de selecionar, de tomar decisões e de organização. Esperam-se também novas atitudes e são propostas novas atividades nos ambientes de aprendizagem virtuais, como aprender de modo autônomo, desenvolver estratégias de estudo adequadas e utilizar e explorar os novos recursos de comunicação. Esperam-se ainda *insights* pedagógicos do aprendiz virtual, confiança no uso da tecnologia e motivação extra para os estudos.

Por tudo isso, percebe-se maior percentual de evasão nos cursos a distância de graduação em comparação com os cursos de pós-graduação. Os alunos de pós-graduação tendem a ser mais experientes e aceitar mais os recursos tecnológicos à disposição.

5.1.5. Auto...

Em EaD, um conceito bastante difundido atualmente é o da heutagogia, aprendizagem autodirecionada em que o aluno é o gestor e programador de seu processo de aprendizagem — o que nos lembra muito Paulo Freire trazendo a realidade do aluno para dentro do espaço da aprendizagem. A proposta da heutagogia na EaD é que os recursos e tecnologias existentes possibilitem ao aluno essa autonomia no design de sua aprendizagem, contando sempre, é claro, com o suporte de professores especialistas nos assuntos tratados. Espera-se, nesse novo cenário, que o aluno monitore e regule seu próprio estudo. O norte-americano Charles Wedemeyer foi um dos pioneiros na reflexão sobre a independência do aprendiz. Para ele, a EaD implica um conceito de aprendizagem bastante distinto da aprendizagem adquirida em uma instituição de ensino.

O ensino a distância exige, portanto, um aprendiz autônomo e independente, mais responsável pelo processo de aprendizagem e disposto à auto-aprendizagem. Com a alteração da cultura do ensino para a cultura da aprendizagem, o estudo passou a ser auto-administrado e automonitorado por um aprendiz autônomo.

No novo ambiente, podemos falar de aprendizagem auto-responsável, autoplanejada, auto-organizada, independente e auto-regulada, além de não-linear e não seqüencial, em que os aprendizes trilham seus próprios caminhos e alcançam seus próprios objetivos. Por isso, as atividades mais importantes, nesse novo modelo de aprendizagem, passam a ser: buscar, encontrar, selecionar e aplicar, e não mais receber e memorizar.

Nesse novo paradigma da educação é o aprendiz, e não mais o professor, quem passa a gerenciar o processo de ensino e aprendizagem. Mais ativos, os aprendizes agora assumem a responsabilidade por sua própria aprendizagem. O controle do aprendizado acaba sendo realizado, em EaD, mais intensamente pelo aluno do que pelo professor. Em alguns projetos no Reino Unido é comum a elaboração de um 'contrato de aprendizagem' que envolve não apenas professor e aluno, mas muitas vezes a própria instituição de ensino e, em alguns casos, como em projetos de work-based learning, a empresa onde o aluno está trabalhando.

Em tal contrato de aprendizagem, é feito um desenho da aprendizagem do aluno em função de suas necessidades, ambição, desejo, pontos fracos e fortes, e ficam bem especificados os papéis de cada um nesse processo. A autora tem pesquisado essa metodologia na Inglaterra e conhecido resultados muito interessantes, não apenas em projetos de EaD como no próprio ensino superior tradicional. A grande diferença, fundamental, acreditamos nós, é que o programa da aprendizagem, do curso e da disciplina é criado em função das necessidades do aluno, e o professor e a instituição de ensino servem de apoio e suporte. Nesse sentido, todos têm compromissos e responsabilidades, e isso acaba sendo um fator motivador principalmente para os alunos que participaram desse processo desde o início.

O aprendiz, seja virtual ou presencial, deve ter compromisso com o aprendizado. A organização e a escolha das ferramentas e da seqüência do material a ser explorado deixaram de ser uma atribuição do professor, e são agora de responsabilidade do aprendiz, uma vez que são de seu próprio interesse. Com isso, o fator motivação se torna essencial no processo.

É imensa a lista das palavras que começam com o prefixo 'auto' e que se relacionam ao papel e ao perfil do aprendiz virtual. Talvez o termo que melhor defina o aprendiz virtual seja esse prefixo. Derivado do grego *autos*, ele significa 'por si próprio', 'de si mesmo'.

É importante, entretanto, repensar o sentido desse prefixo em face do desenvolvimento da EaD on-line e interativa. A educação a distância, durante muito tempo, foi entendida como uma modalidade do ensino não tradicional ou independente, na qual o estudante teria maior autonomia para decidir tempo e local de estudo. Isso tinha sentido, por exemplo, para os cursos por correspondência, em que o aluno praticamente não interagia com o professor, muito menos com outros alunos. Entretanto, com o desenvolvimento recente da Internet, a facilidade para a comunicação síncrona e assíncrona em grupo, a noção de comunidades de aprendizagem e a utilização da teoria do construtivismo em EaD, bem como o sentido dessa autonomia e independência, têm sido questionados. Espera-se, ainda hoje, que o aluno virtual aprenda por meio do auto-estudo, mas também que aprenda em ambientes sociais, interagindo com outras pessoas. Mudanças nas condições socioeconômicas da educação tornaram importante, além do aprendizado independente e auto-organizado, o aprendizado em grupo.

A aprendizagem pela participação em comunidades virtuais, ou seja, a aprendizagem por meio da participação em grupos, parece ser uma noção conflitante com a idéia da independência do aprendiz, e a teoria da EaD tem procurado lidar com essa aparente contradição. Atualmente, na verdade, espera-se que o aluno virtual desenvolva sua autonomia e independência, mas, de modo simultâneo, desenvolva a capacidade de participar de grupos e aprender pela interação com seus colegas. Ou seja, a idéia da autonomia do aluno virtual não pode servir para desqualificar a EaD on-line interativa, na qual se propõe que ele aprenda com os outros, e não apenas sozinho.

5.1.6. Trabalhar em grupo

A EaD anterior ao desenvolvimento da Internet está baseada em um processo tradicional de aprendizagem, tendo como base o modelo expositivo, em que o professor ensina por meio de apresentação de conteúdos e o aluno aprende de maneira passiva, por meio de absorção dos conteúdos apresentados. Esse modelo tem se modificado com a EaD on-line. Nesse sentido, o aluno virtual precisa também desenvolver habilidades para participar de grupos virtuais.

Há diversas ferramentas para interação em EaD on-line: e-mails, fóruns, chats etc., e o aluno virtual precisa se tornar capaz de participar adequadamente delas. Precisa, por exemplo, aprender a ler as colocações dos outros alunos, não apenas do professor; refletir; postar seus comentários e fazer sugestões de fontes de informação (como artigos, livros, sites, filmes etc.) sempre que achar conveniente, não apenas quando formalmente requisitado pelo professor. No caso dos fóruns, é importante que o aluno se organize para o acesso semanal, com a maior freqüência possível, pois cada grupo de discussão adquire seu próprio ritmo, então não faz sentido aparecer no fórum no último minuto, apenas para ganhar nota.

É necessário entender a natureza da interação on-line: o aluno precisa compreender que se espera que ele interaja, enviando mensagens de resposta às perguntas propostas nas atividades das aulas, além de, muitas vezes, refletir e enviar mensagens comentando as respostas dos colegas. O aluno virtual deve compreender que ele é responsável pela construção das comunidades de que participa. Ele é um participante ativo.

Entretanto, é importante notar também que é possível participar de uma comunidade de aprendizagem virtual e aprender 'por tabela', por meio do que se denomina 'interação vicária' (*vicarious interaction*). Nesses casos, os alunos freqüentam o ambiente de aprendizagem, lêem as mensagens dos demais colegas, mas preferem não contribuir para a discussão. Ou seja, eles aprendem pela observação da interação dos outros membros do grupo. O autor deste livro tem percebido que ocorre um aprendizado muito mais rico no caso dos alunos que acompanham intensamente as discussões em atividades interativas — mesmo quando não contribuem diretamente — do que no caso dos alunos que participam com vários comentários sem necessariamente ler os textos propostos ou os comentários dos demais colegas e do tutor. Isso pode ser medido, por exemplo, em avaliações. Portanto, ser um participante ativo de uma comunidade de aprendizagem virtual não significa simplesmente registrar vários comentários, e sim ser um espectador ativo da discussão.

Trabalhar colaborativamente é importante porque proporciona oportunidades para que o aluno exponha ao grupo suas posições e interpretações, contribuindo portanto para o desenvolvimento das atividades. Além disso, a atividade colaborativa permite que ele caminhe lado a lado com seus colegas, em uma forma de co-criação do conhecimento, desenvolvendo um pensamento crítico mais amplo, diversificado e complexo, e mais bem elaborado do que em processos individuais, já que no trabalho colaborativo são levados em consideração todos os pontos de vista do grupo. 'Co-laborar' significa justamente isto: trabalhar com.

Quando o aluno tem tempo para discutir e pensar um projeto no qual o grupo todo está trabalhando conjuntamente, todos se envolvem, em um processo intenso de troca de idéias e opiniões, resultando em uma prática colaborativa que proporciona uma aprendizagem consistente, transformadora e significativa, além de um conhecimento mais amplo do objeto estudado.

Se, por um lado, trabalhar em equipe pode ser em geral mais enriquecedor do que trabalhar individualmente, por outro lado essa prática exige de seus participantes maturidade e paciência para saber ouvir os colegas e valorizar seus pontos de vista, muitas vezes bastante distintos dos seus.

É importante ressaltar que o trabalho em equipe requer elevados senso crítico, de responsabilidade e de organização. Prazos precisam ser respeitados para que o andamento das atividades programadas pelo grupo não seja prejudicado. É preciso saber quando e como opinar de maneira a contribuir para o desenvolvimento do trabalho.

O aluno virtual deve ainda ser criativo: aproveitar a Internet a seu dispor e pesquisar, buscando soluções novas para os problemas encontrados. E ser compreensivo: não se esquecer de que todo trabalho em equipe requer divisão de tarefas e é preciso que todas as partes do trabalho sejam desenvolvidas com igual empenho e dedicação, por mais enfadonhas que algumas delas possam ser.

5.1.7. Gerenciamento do tempo

Há uma ruptura no ritmo de estudos e do aprendizado do ensino presencial para o da EaD. Nesta, o aluno tem mais liberdade para o estudo, o que também gera maior necessidade de organização e de gerenciamento do tempo e das atividades a serem realizadas. É necessário maior comprometimento e é preciso aprender a se autogerenciar.

Muitos alunos demoram a perceber que as exigências do ambiente universitário são diferentes das do ensino médio — e principalmente que as exigências da EaD são distintas das do ensino presencial — e resistem a admitir que têm deficiências e precisam modificar seus hábitos. Entre outras coisas, é essencial ter um plano em que os horários de estudo estejam bem distribuídos. Ou seja, é necessário que o aluno virtual se organize.

É essencial também planejar o tempo de estudo necessário, indicando em cada dia da semana o que se estudará. Ao contrário do que muitas pessoas pensam, o estudo a distância toma mais tempo do que cursos presenciais. Sendo assim, o aluno precisa desenvolver habilidades para gerenciar seu tempo de estudo. Quanto tempo é necessário para suas atividades diárias? Para o estudo independente? Para o estudo on-line? Para a realização dos trabalhos?

Deve-se também procurar evitar, com o plano de estudo, a sobrecarga natural para o aluno virtual. É ideal programar folgas durante a semana, assim como semanas de folga, quando conveniente.

É importante ainda aprender a gerenciar prioridades. O que é mais importante? O que é urgente? Essa reflexão deve sempre guiar as atividades do aluno virtual.

Torna-se imprescindível anotar os prazos de entrega das atividades e traçar um calendário para todo o semestre ou a duração do curso. O aluno virtual deve procurar se antecipar aos prazos, porque as coisas costumam dar errado em cima da hora.

Mas um bom plano de estudos, apenas, não resolve o problema. Várias pesquisas indicam que boa parte dos alunos, no ensino superior e em EaD, não utiliza métodos eficientes em seus estudos. Em geral, há deficiência de concentração, não são utilizados métodos proveitosos de leitura, não são feitas anotações adequadas, as bibliotecas não são exploradas e mesmo a pesquisa na Internet é ineficaz.

A eficiência do estudo do aprendiz virtual dependerá diretamente do método que ele utilizar. A EaD exige interesse, curiosidade, proatividade, atenção e concentração, senso crítico, raciocínio lógico e persistência. O aluno deve estar disposto, em todos os momentos, a relacionar o que estiver estudando tanto com outras disciplinas do curso quanto com situações externas ao ambiente acadêmico, principalmente no âmbito profissional. Deve estar preparado para analisar criticamente tudo que estuda, resumindo e fazendo esquemas quando conveniente.

É importante, ressalte-se, que o aluno virtual procure sempre respostas para suas dúvidas em diversas fontes, independentemente das sugeridas pelo professor. Ele precisa se acostumar a questionar constantemente e procurar respostas para as perguntas que ele mesmo formular durante seu curso.

5.2. Professor

Assim como o aluno, o professor também deve assumir novos papéis em EaD. Muitos chegam a temer que a EaD decrete a extinção da figura do professor. Os professores seriam substituídos pelos próprios cursos que ajudam a desenvolver, e doutores seriam substituídos por executivos ou tutores mal preparados e mal pagos, em projetos de EaD que diminuem intencionalmente o contato entre professores e alunos, com objetivos mais financeiros do que pedagógicos. No limite da economia com que sonham os economistas da educação, a atividade do professor poderia ser desempenhada por um software inteligente, sem a intervenção de um ser humano.

Para muitos,[4] com a EaD o ofício do professor estaria sendo fragmentado em uma série discreta de tarefas que passam a ser realizadas por diferentes pessoas. Uma maneira de quebrar a função pedagógica do professor é justamente dividir o processo de educação em componentes, como desenvolvimento de currículo, desenvolvimento de conteúdo, entrega da informação, mediação e tutoria, serviços de suporte aos estudantes, administração e avaliação. Como já vimos, são hoje oferecidos para as instituições de ensino serviços terceirizados para todas essas tarefas. Isso resultaria na 'des-montagem', 'des-integração' e 'des-especialização' da profissão de professor, da mesma maneira que ocorre com um operário quando uma especialização é substituída pela introdução de máquinas na mesma função.

O temor talvez seja exagerado.

Em primeiro lugar, a EaD é inclusiva em relação ao universo dos professores. Muitos excelentes profissionais não podem se vincular a instituições de ensino presenciais, pois não podem se comprometer a dar aulas diariamente, em todas as semanas de um semestre. Não podem se tornar professores de carreira, uma vez que viajam muito a trabalho e têm compromissos constantes fora de seu local de moradia. Esses profissionais trariam contribuições valiosíssimas à educação por meio de sua experiência prática, e muitos até mesmo adorariam fazer da didática uma de suas atividades básicas, mas não podem ser aproveitados no ensino presencial. Por meio da educação a distância, entretanto, eles podem se tornar professores e orientadores onde quer que estejam. Ao se matricular em uma disciplina na Universidade da Califórnia, Berkeley, por exemplo, o aluno pode se surpreender com o fato de seu professor morar em Nova York; na verdade, a EaD destrói as barreiras geográficas para a educação, e então profissionais que antes não podiam participar de maneira contínua do universo da educação agora podem atuar como professores.

Uma das características em geral associadas à EaD é o fato de o professor ter deixado de ser uma entidade individual para se tornar uma entidade coletiva. O professor de cursos a distância pode ser considerado uma equipe, que incluiria o autor, um técnico, um artista gráfico, o tutor, o monitor etc. Muito mais do que um professor, é uma *instituição* que ensina a distância, tanto que muitas definições de EaD insistem na idéia de que o ensino é planejado e coordenado por uma instituição.

Essas modificações, entretanto, não decretam o fim da função do professor e tampouco a perda de seu emprego, mas, ao contrário, apresentam novos desafios e novas funções a serem desempenhadas. Na verdade, novas possibilidades de trabalho abrem-se para o professor em EaD, justamente pelo fato de ele não exercer mais a sua profissão como antigamente.

Como autor de material para EaD, o professor tem agora que elaborar e organizar conteúdos. Para isso, precisa desenvolver novas habilidades, como focar poucos conceitos em cada aula; planejar o material de maneira que o aluno tenha tempo suficiente para percorrer as aulas e realizar as atividades; definir letras, tamanhos, cores e fundos para integrar à mensagem; fazer escolhas no material visual a ser utilizado nas aulas (como esquemas, diagramas, gráficos, tabelas, figuras, imagens, fotos etc.); planejar sons e animações; dominar recursos multimídia; e assim por diante.

Abrem-se, para o antigo professor presencial, possibilidades de se tornar um designer de seus cursos, tanto no sentido restrito de um designer gráfico e visual como no sentido amplo, ou mesmo como responsável pela tecnologia educacional, quanto no sentido de assumir propriamente a posição de um designer instrucional em uma instituição, tornando-se responsável pelo planejamento geral de cursos e disciplinas.

O professor pode ser também peça essencial nos projetos de desenvolvimento de ambientes virtuais de aprendizagem, já que é ele quem tem experiência em educação, no contato com o aluno e no acompanhamento de seu aprendizado.

Ele pode ainda trabalhar tanto como consultor para o mercado de EaD, que não pára de crescer, como pode realizar a função de monitoria, e mesmo de coordenação, dos diversos grupos de professores on-line, que crescem exponencialmente.

O professor presencial também pode se tornar tutor; nesse sentido, assim como o aluno virtual precisa aprender a estudar a distância, o tutor precisa aprender a ensinar sem que esteja no mesmo lugar e no mesmo momento que o aluno. Em EaD, o tutor desempenha diferentes papéis simultaneamente.[5]

Em primeiro lugar, ele precisa organizar a classe virtual, definindo o calendário e os objetivos do curso, dividindo grupos e deixando claras as expectativas em relação aos alunos, principalmente no sentido da interação esperada. As regras de um curso a distância devem ser definidas com clareza pelo tutor, desde o início das aulas. O início e o fim das atividades precisam estar delimitados para evitar confusão por parte dos alunos. A função do tutor é também acompanhar o aprendizado dos estudantes e coordenar o tempo para o acesso ao material e a realização de atividades, quando há prazos para que eles sejam realizados. O tutor desempenharia, portanto, um papel administrativo e organizacional.

O tutor é também responsável pelo contato inicial com a turma (por meio de mensagens de boas-vindas, por exemplo); por provocar a apresentação dos alunos e lidar com os alunos mais tímidos, que não se expõem com facilidade em um ambiente virtual; por enviar mensagens de agradecimento; por fornecer feedback rápido aos alunos; e por manter um tom amigável, podendo utilizar o humor sempre que conveniente. O tutor é responsável por gerar um senso de comunidade na turma que conduz, e por isso deve ter elevado grau de inteligência interpessoal. Nessas circunstâncias, ele desempenha um papel social, e para isso deve conhecer o máximo possível seu público-alvo.

Uma das funções mais importantes do tutor é justamente dar feedback constante a seus alunos. Em sala de aula, é possível dar feedback automático para os alunos e por vários canais: verbal, gestual, visual, auditivo, pela maior ou menor proximidade etc. Já a distância, o aluno se sente mais abandonado, e os canais são reduzidos, portanto o feedback do professor torna-se um elemento crítico para reforçar o aprendizado. A orientação extra-aula para os alunos e o suporte, que podem ser fornecidos por um professor, tutor ou monitor, são elementos críticos para o sucesso de um curso a distância.

Há ainda uma função pedagógica e intelectual atribuída ao tutor, que envolve elaborar atividades, incentivar a pesquisa, fazer perguntas, avaliar respostas, relacionar comentários discrepantes, coordenar as discussões, sintetizar seus pontos principais e desenvolver o clima intelectual geral do curso, encorajando a construção do conhecimento.

A interpretação do material visual e multimídia deve ser auxiliada pelo tutor, pois muitas vezes os alunos não possuem essa capacidade, fato que pode prejudicar o andamento do curso. Nesse contexto, ele desempenha um papel tecnológico.

Por fim, o tutor deve avaliar o rendimento dos alunos no curso, mas para isso precisa também deixar claro, desde o início, como eles serão avaliados, ou seja, quais critérios serão utilizados na avaliação.

É essencial, então, que as instituições de ensino desenvolvam programas sérios de capacitação de tutores, inclusive para o uso das ferramentas de tutoria, e que esses programas sejam oferecidos continuamente. Muitas instituições criaram centros específicos para essas atividades e existem empresas e instituições que oferecem o serviço terceirizado de treinamento de tutores.

Como afirma Pierre Lévy, os professores passam a ser compreendidos como *animadores da inteligência coletiva* e sua atividade será fundamentalmente o acompanhamento e a gestão da aprendizagem, com o estímulo à troca de conhecimento e mediação.[6]

No site da Associação Brasileira de Educação a Distância (Abed), há uma pergunta: "Qual é o perfil do professor a distância?"; e a seguinte resposta:

> Além do exigido de qualquer docente, quer presencial quer a distância, e dependendo dos meios adotados e usados no curso, este professor deve ser capaz de se comunicar bem através dos meios selecionados, funcionando mais como um facilitador da aprendizagem, orientador acadêmico e dinamizador da interação coletiva (no caso de cursos que se utilizem de meios que permitam tal interação).[7]

Em vez de professor, podemos falar em EaD do profissional que orienta e que coordena. No lugar do sábio no palco (*sage on the stage*), o professor em EaD transforma-se no guia do lado (*guide on the side*). Em seu novo papel, o professor passa de orador a tutor, de expositor a facilitador, de avaliador a mediador.

Em certo sentido, o professor on-line sente-se livre dos entraves da educação presencial. Nas discussões que geraram o livro *A educação a distância e o professor virtual: 50 temas em 50 dias on-line*, foram feitos vários depoimentos de como os professores se sentem trabalhando on-line, como este, do professor Wilson Azevedo: "Sinto que meu tempo rende muito mais e melhor em ambiente on-line que naquele regime constrangedor da sincronia presencial, que nos obriga a fazer as coisas dentro de determinados horários e que muitas vezes corta uma aula no seu melhor momento apenas porque soou a campainha."[8]

O professor de EaD tem de aprender, portanto, a gerenciar o tempo virtual, e não mais o tempo presencial. Não faz sentido, por exemplo, determinar que e-mails serão respondidos em determinados dia e hora, como se ele estivesse atendendo os alunos em seu escritório.

On-line, os professores podem também se comunicar diretamente e realizar novas experiências. Quando o professor entra em uma sala de aula presencial, ao contrário, ele está sozinho com seus alunos. Grande parte dos profissionais não desempenha suas atividades tão isoladamente, distante de seus pares de profissão, e a Internet, nessa circunstância, fornece ao professor a possibilidade de trabalhar em uma comunidade e manter contato constante com seus colegas. Já existem inúmeros portais em que são compartilhados recursos, ferramentas e experiências pedagógicas em EaD, mantidos tanto por fabricantes de ambientes de aprendizagem quanto por instituições de ensino e outras organizações.

Portanto, é necessário avaliar com cuidado a suposta ameaça que a EaD colocaria à figura do professor. De um lado, há vantagens, e procuramos analisar as mais importantes. Mas, sem dúvida, há problemas a serem enfrentados e desafios a serem superados, como a 'des-integração' do processo de ensino e da própria profissão, que também já abordamos.

O sistema adotado na educação presencial, de remuneração por hora-aula, foi transferido para a EaD sem que fosse repensada a atuação do professor nesse novo ambiente. Professores sobrecarregados, com turmas imensas, são comuns em EaD. Isso, como já vimos, contribui para o insucesso dos cursos e a evasão dos alunos, bem como para o transtorno multitarefas, a sobrecarga cognitiva e o tecnoestresse dos professores. Os professores a distância e on-line não estão, ainda, organizados como os professores presenciais e podem se tornar uma classe explorada caso não se organizem e procurem definir novos padrões para seu trabalho e sua remuneração, que sejam justos tanto para empregadores quanto para empregados. Os professores de EaD precisam estar tão ou mais organizados do que os professores do ensino presencial; caso contrário, vai se estabelecer uma nova classe de explorados intelectuais, intensamente submetidos ao tecnoestresse e aos transtornos multitarefas, ainda por cima mal remunerados.

5.3. Instituição

Clayton Christensen popularizou o conceito de 'tecnologias disruptivas'. Algumas inovações, que ele chama de sustentadoras, simplesmente aperfeiçoam produtos ou serviços. Nesses casos, as empresas já estabelecidas têm vantagem sobre as empresas novas.

Outras inovações, que ele chama de disruptivas, provocam uma ruptura em um modelo de negócios estabelecido, uma mudança de valores e de paradigmas. Nesses casos, as empresas novas e enxutas têm mais flexibilidade para lidar com essas mudanças. Essas empresas acabam inicialmente procurando nichos ou parcelas do mercado não atendidas pelas empresas estabelecidas, chegando, em um segundo momento, a concorrer diretamente com elas e desbancá-las, chegando a mudar radicalmente a paisagem do mercado. As empresas disruptivas começam, portanto, 'por baixo', e as empresas tradicionais têm dificuldade para competir com elas, pelo seu tamanho e pela necessidade de alcançar margens de lucro elevadas, o que não é normalmente o caso das empresas novas e pequenas. Desse modo, em situações de mudanças radicais no mercado, a estrutura rígida acaba sendo muitas vezes inimiga das empresas estabelecidas na disputa com as empresas pequenas.

As próprias tecnologias podem ser disruptivas, ao exigirem que as empresas façam as coisas de maneira totalmente diferente. São clássicos os trabalhos que estudam os efeitos que a introdução de tecnologias como a escrita, a imprensa e a informática geraram na sociedade. Com a escrita, na Grécia Antiga, nasceram a filosofia ocidental e as ciências. A revolução científica é contemporânea da invenção da imprensa. A revolução da informática ainda estamos todos vivendo, portanto podemos sentir na pele seu poder transformador. Tecnologias podem destruir indústrias e negócios antigos, e criar novos. É o que muita gente prevê que está acontecendo, por exemplo, com as mídias impressas, como os jornais e os livros, com o progresso das mídias eletrônicas e, particularmente, da Internet.

O ambiente da educação, como temos discutido neste livro, tem passado por mudanças radicais nas últimas décadas, e a educação a distância é um dos pilares dessas mudanças. O ambiente educacional tem se tornado cada vez mais imprevisível, principalmente por causa das novas tecnologias, que têm possibilitado formatos de educação antes inimagináveis, especialmente a Internet. A Internet é, sem dúvida, uma tecnologia disruptiva, não apenas para o mercado da educação — vários negócios desapareceram ou tendem a desaparecer rapidamente.

Para aproveitar o raciocínio de Christensen, uma das fatias de mercado que as empresas de educação disruptivas têm explorado, e que não fazia parte do público-alvo das instituições de ensino, são os adultos, principalmente os trabalhadores. A EaD, mesmo antes do desenvolvimento da Internet, já focava esse público, pessoas que não tinham seguido as etapas formais do estudo, ou que tinham parado em determinado momento, mas precisavam se formar ou se reciclar. A esse público a EaD tornou-se *expert* em atender, antes que as instituições de ensino tradicionais se dessem conta. Daí o fato de a andragogia estar tão intimamente ligada à teoria da educação a distância.

Como, então, as instituições de ensino podem reagir? Como vencer os desafios? Como sensibilizar seus docentes para essa mudança de paradigma que estamos vivendo? Como oferecer capacitação continuada e a distância? Como, até mesmo, acompanhar a legislação, que também tem mudado rapidamente? Como educar os gestores para um novo modelo de negócios?

Uma resposta comum é: tornou-se imperioso, com a EaD, que as instituições de ensino mensurem e avaliem constantemente seus processos e resultados. A EaD tornou o ambiente de educação muito mais competitivo, pois empresas pequenas e enxutas começam a abocanhar suas fatias de mercado, e, se usarmos o raciocínio de Christensen, em pouco tempo as instituições de ensino tradicionais que não se transformarem rapidamente poderão deixar de existir. Portanto, a avaliação contínua deve servir para orientar a decisão pela continuidade, pelo aperfeiçoamento e expansão, ou pela extinção dos projetos.

Mas essa obsessão por números e planilhas tem levado algumas instituições ao mesmo lugar das que não se preocupam em implantar um sistema de mensuração e avaliação contínuo: o fundo do poço! Um lugar de onde elas não conseguirão sair nem reagir contra as empresas disruptivas, que são também em geral criativas na formação de preço e nas suas linhas de produtos e serviços.

Afinal de contas, é possível diminuir o custo em educação, e especificamente em EaD, sem afetar a qualidade? A qualidade de um curso de EaD não estaria diretamente ligada à interação proporcionada com o professor e monitor ou mesmo com os demais alunos? Parece que essas variáveis estão intimamente ligadas: uma instituição que considera a interação em pequenos grupos essencial, em seu projeto pedagógico, terá provavelmente um custo maior para a oferta de seus cursos do que uma instituição interessada apenas no crescimento e expansão do negócio, ou seja, em atingir o maior número possível de alunos, quando a interação poderá ser diminuída ou mesmo tender a zero. Como analisamos em mais de um momento, em EaD é necessário combinar economia de escala no material produzido, e no contato dos alunos com esse material, com atividades colaborativas.

Em uma avaliação de custo-benefício, contra o que devemos comparar os resultados? Boas práticas não combinam, necessariamente, com custos mais baixos. Como as empresas e instituições podem se assegurar de que seus objetivos estão sendo alcançados? O 'resultado' da educação poderia ser medido financeiramente? Se diminuirmos o custo, os resultados serão os mesmos? Como medir tudo isso?

Em análises financeiras, deve-se sempre separar o custo fixo do custo variável. Prédios e equipamentos, assim como a produção de material didático, por exemplo, fazem parte dos custos fixos, e pelo menos a sua depreciação precisa ser recuperada na operação do negócio. O custo da tutoria, por sua vez, é um custo variável. Mas há muitas outras variáveis que influenciam diretamente o custo de um projeto de EaD, que não são facilmente classificáveis: o número de alunos matriculados no curso, o número de cursos oferecidos, a quantidade de multimídia utilizada no material didático, a quantidade de interação prevista com o tutor, o ambiente virtual utilizado, as escolhas entre atividades síncronas e assíncronas e o nível de evasão dos alunos.

Apesar de, em geral, os números apontarem que o custo da EaD pode ser menor que o custo da educação presencial, é também extremamente difícil realizar essas comparações, pois as tecnologias mudam com muita rapidez, assim como o custo associado a elas. Portanto, uma pergunta mais pertinente talvez fosse: o resultado da educação vale o custo, tanto para o aluno quanto para a instituição? Ou seja, seria mais sensato comparar o custo da EaD com seu resultado final, não com o ensino presencial, nem mesmo com um modelo de EaD supostamente mais barato, de educação de massa, o que poderia excluir a instituição do mercado, uma vez que as empresas disruptivas poderiam introduzir soluções mais criativas e inovadoras, atacando primeiro o público exterior a essa massa e, em um segundo momento, vencer a instituição tradicional também no mercado em que ela lidere.

Custo-benefício não significa apenas custo: deve também ser mensurado o benefício. Talvez o mais importante para as instituições de EaD não seja alcançar o mais barato, mas conseguir administrar seus custos, mantendo-os em um nível estável. Não apenas diminuir custos, mas também melhorar o nível da educação (o seu resultado).

Já podem ser observados diferentes modelos utilizados nessa transformação das instituições de ensino tradicionais. Existem as instituições *single mode* presenciais, que se mantêm exclusivamente como presenciais; ou as novas e perigosas *single mode*, que já nasceram como instituições cem por cento virtuais. Além disso, existe o modelo das instituições *dual mode*, que oferecem ao mesmo tempo cursos presenciais e cursos on-line. Em geral, são os resultados de instituições presenciais tradicionais que acrescentaram a seus portfólios a EaD.

Outro modelo que começa a se tornar comum é o das redes ou consórcios, que aproveitam o potencial da Internet. Muitas dessas soluções envolvem também inovações técnicas e organizacionais no estabelecimento das parcerias. Já falamos, no Brasil, dos exemplos do Instituto Universidade Virtual Brasileira (UVB) e do Centro de Educação Superior a Distância do Estado do Rio de Janeiro (Cederj). É interessante que essas redes possam apreender muito das experiências já realizadas e catalogadas com as comunidades virtuais de aprendizagem. E as parecerias têm sido feitas com empresas, não apenas com instituições de ensino. Já estudamos a importância da EaD corporativa neste livro.

Essa mudança de paradigmas no cenário da educação exige, portanto, mudanças radicais das instituições, até por uma questão de sobrevivência. São necessários novas estruturas, novos procedimentos, novas tecnologias, novos modelos, novas culturas, novos planejamentos e novas estratégias. É necessário modificar os pressupostos pedagógicos e rever constantemente as escolhas tecnológicas. É essencial até mesmo rever com mais freqüência os valores, a filosofia, a visão e a missão da instituição. Muitos autores defendem que são necessárias mudanças radicais para que as instituições de ensino tradicionais sejam capazes de sobreviver e não sejam engolidas pelas empresas e tecnologias disruptivas.

A bibliografia sobre EaD fala da necessidade de modelos cada vez mais flexíveis, não apenas pedagógicos, mas também nos desenhos organizacionais. A passagem seguinte avalia o que seria essencial para a implementação do 'aprendizado distribuído' (*distributed learning*), uma das expressões utilizadas para a EaD de ponta, que exigiria uma reengenharia das instituições de ensino:

> Mais fundamental para o sucesso desses sistemas são as filosofias, regras e práticas subjacentes da instituição. [...] Na prática, equipes funcionais de chefes de departamento devem tomar decisões pelo consenso, deixando para trás o modelo de autonomia de unidade individual atualmente em voga na maioria das instituições. Para que isso ocorra, deve estar claramente visível, na missão e na visão da instituição, o compromisso com o recrutamento e o desenvolvimento contínuo de pessoal que possua a atitude e as habilidades necessárias para a administração participativa.[9]

Ou seja, não é possível fazer EaD nem *blended learning* sem administração participativa, com o que muitas das instituições de ensino tradicionais não estão acostumadas, e para o que talvez não estejam preparadas. A hesitação e a demora para realizar essa mudança cultural pode significar, para muitas, o suicídio.

A única maneira de lidar com as tecnologias disruptivas, portanto, é ser proativo, constantemente inovador e criativo. Inovação e criatividade devem passar a fazer parte do planejamento estratégico das instituições envolvidas com educação a distância, de sua estrutura geral, e não apenas de um ou outro curso ou departamento que tenham um pouco mais em destaque essas características. Nesse sentido, a teoria da administração contemporânea tem muito a ensinar a essas instituições. O futuro é imprevisível, por isso cabe às instituições corajosas visualizá-lo, construí-lo e criá-lo, concretizando simultaneamente o espaço para a sua sobrevivência, sob o risco de o futuro não reservar espaço para as instituições que não perceberem as mudanças.

O autor deste livro conviveu virtualmente na UVB com Laercio, durante um semestre, como tutor da disciplina Metodologia, sendo ele um dos alunos que mais participaram do curso. Como professor, o autor não sabia do problema de visão de Laercio. Esse aluno foi convidado a falar um pouco justamente sobre esta questão: o fato de o problema de visão não o ter impedido de ser um dos melhores alunos da UVB, e pensar sobre isso no contexto da EaD.

Laercio: Há muitos anos tenho militado a favor da causa da pessoa com deficiência. Entendo que, dadas as oportunidades que tive, sou um privilegiado, pois, diferentemente da maioria das pessoas com deficiência no nosso país, tive apoio da minha família para estudar, freqüentei uma boa escola e hoje tenho um bom emprego. Desse modo, me sinto na obrigação de fazer algo por quem está ainda à margem da sociedade.

Temos hoje 25 milhões de pessoas com deficiência no Brasil segundo o senso de 2000. Desse total, menos de um milhão estão trabalhando, e não muito mais de 100 mil possuem emprego com carteira assinada.

Professor: E por que isso acontece?

Laercio: São vários os fatores, mas os mais importantes são a falta de oportunidade de se qualificar, o desconhecimento pela sociedade das capacidades de uma pessoa com deficiência e o preconceito, que, embora não seja assumido por todos, ainda é uma realidade.

Professor: O que podemos fazer a respeito?

Laercio: Uma das ações mais importantes é tirar as pessoas com deficiência de dentro de suas casas. Precisamos incluí-las na sociedade. Elas precisam freqüentar não só o ensino fundamental, mas ter oportunidade de chegar a um curso superior. Só assim poderão 'brigar' em condições de igualdade por uma vaga de emprego, conquistando um espaço digno na sociedade.

Professor: O que você tem feito?

Laercio: Mais do que minhas palavras, minha condição de pessoa com deficiência visual e minha trajetória de vida são ferramentas importantes para mostrar à sociedade que, uma vez tendo oportunidade, a pessoa com deficiência é capaz e, como qualquer ser humano, tem potencialidades que contribuirão imensamente com sua comunidade. Sempre que sou convidado, ou tenho chance, faço palestras nas quais esclareço mitos e dúvidas muito comuns em relação às deficiências. Aí percebo que, muitas vezes, as pessoas têm posturas que nos prejudicam mais por desconhecimento do que por maldade ou preconceito. Sempre que faço parte desses eventos concluo que muitas pessoas mudam sua postura em relação às deficiências. Passam a entender melhor e a quebrar paradigmas.

A EaD é algo 'novo', e eu poder falar isso em uma obra dedicada ao assunto, bem como explicar que a pessoa com deficiência também pode se beneficiar desses novos recursos de ensino-aprendizagem, é maravilhoso.

Professor: Fale um pouco do seu problema de visão.

Laercio: Nasci cego. Tenho malformação de fundo de olho. Não é possível identificar o que causou isso, mas sou o único cego da família. Tenho mais um irmão e uma irmã mais novos que não possuem nenhuma deficiência.

Professor: Conte-nos como você descobriu a EaD e, especificamente, a UVB.

Laercio: Meu chefe na empresa Processamento de Dados Amazonas S. A. (Prodam), empresa de tecnologia da informação e comunicação, que fica em São Paulo, na qual trabalho como analista de sistemas há 19 anos, era professor da Anhembi Morumbi. Como ele sabia que eu gostava de tecnologias, e gostava de desafios nessa área, comentou que estava nascendo um curso a distância em uma nova universidade virtual chamada UVB.

Entrei em contato com a UVB e confesso que causei um susto. A direção da universidade se surpreendeu, pois não possuía estrutura adequada para ensinar uma pessoa cega. Graças a uma pequena confusão de início de curso, enquanto a direção me colocava que não poderia me aceitar como aluno por não estar ainda preparada para me oferecer os mesmos recursos oferecidos aos demais, alguém marcou o meu vestibular.

Mesmo sabendo dos futuros problemas, realizei o vestibular e consegui nota suficiente para me qualificar. Quando a direção da UVB soube, sugeriu a devolução do valor da minha matrícula, o que não aceitei. Propus então que fizéssemos uma experiência durante um mês. Caso eu não conseguisse acompanhar o curso, a UVB me devolveria o valor da matrícula. O resultado é que provavelmente colarei grau em 12 de janeiro de 2008 com a primeira turma de formandos em Administração da UVB.

Professor: Fale um pouco da experiência de participar do curso da UVB, que você vai concluir no final de 2007, e de como o seu problema foi superado.

Laercio: O sucesso no curso da UVB é o resultado de diversos fatores:

- Como eu já trabalhava com informática, muitos dos problemas enfrentados, mesmo por pessoas sem nenhuma deficiência, eu não enfrentei, uma vez que compreendia o que ocorria, e a Internet, o correio eletrônico, a navegação em sites e instalações de softwares e plugins, que normalmente são barreiras na interação do aluno com a faculdade nos primeiros momentos de um curso, inexistiram para mim.
- Como dava suporte aos recursos necessários às pessoas com deficiência visual ao uso do computador, também não tive problemas, fato que tornou minha comunicação com a UVB transparente.
- Para as dificuldades que surgiram, como falta de leitor de tela na prova presencial e material pedagógico inadequado a uma pessoa cega, a UVB sempre se mostrou flexível e sensível às minhas necessidades. Diria mesmo que foi este último item determinante para o sucesso que obtive em meu curso.

Por mais que um curso seja adaptado a uma pessoa com deficiência, certamente no seu transcorrer surgirão 'problemas' e somente o bom senso e a vontade das duas partes garantirão seu sucesso.

Professor: Você conseguiria fazer um curso presencial?

Laercio: Sim, sem problemas. As dificuldades talvez fossem até menores.

Professor: Uma vez que a disciplina é em geral um dos problemas do aluno virtual, como você arrumou motivação e organização para participar tão ativamente das aulas?

Laercio: Penso que, como tudo na vida, a EaD será mais adequada a uns do que a outros. Existem pessoas que não têm espírito investigador. São pouco autodidatas e têm dificuldade em se disciplinar. Para estas, independentemente de terem ou não alguma deficiência, a EaD será um problema. É melhor que optem pelo ensino presencial.

Quando comecei minha carreira profissional não havia no Brasil recursos de tecnologias assistivas, ou seja, equipamentos adaptados para pessoas cegas usarem o computador. Como também não havia Internet da maneira que temos hoje, precisávamos importar os equipamentos. Como saber se eles atenderiam a nossas necessidades?

A solução era pesquisar muito antes de comprar. Enviávamos cartas para os fabricantes e devorávamos todos os detalhes dos prospectos, pois, como os produtos eram extremamente caros, não podíamos nos dar ao luxo de errar. Com isso, desenvolvi um pouco a minha capacidade de pesquisa, além de organizar as idéias e estratégias de investigação e comunicação. Precisei também dominar o inglês técnico, pois não havia nada em português.

Tais competências foram de enorme importância durante o curso da UVB porque me garantiram tranqüilidade na comunicação por e-mail, no qual exprimia não só minhas dúvidas, como também expunha minhas necessidades e opiniões, fatores fundamentais para um bom aprendizado no ensino a distância.

Professor: Fale de maneira geral sobre a EaD, os prós e os contras, na sua opinião.

Laercio: Em 2005 fui convidado pelo professor Carls para participar da reunião do MEC com a UVB como parte do processo de validação de nosso curso. Uma professora do MEC fez um comentário que jamais esquecerei e penso que deve ser sempre considerado:

"Se em uma sala de aula um aluno ficar quieto, olhando para o professor durante todo o tempo, a impressão certamente será que ele é atento e provavelmente aproveitou bem o conteúdo, o que pode não refletir a verdade. No caso do aluno de ensino a distância, se tiver a mesma atitude, será considerado relapso. Além do que, precisará ter desenvolvido uma boa capacidade de comunicação escrita e um alto grau de disciplina e autodidatismo, pois não terá ninguém a todo momento direcionando seus estudos."

Com isso, entendo que se exige mais do aluno no curso a distância do que no presencial. Contudo, as questões tecnológicas ainda impedem que certos recursos sejam aplicados, pois boa parte do país não conta com acessos à Internet de alta velocidade nem de computadores modernos necessários para a boa interação universidade–aluno. Somam-se a isso os ajustes necessários na legislação brasileira, que ainda não está adequada ao ensino a distância, tratando-a como presencial.

Penso que seja urgente uma revisão, pois o ensino não presencial deve pressupor algumas características de vida e perfil de seus alunos, como tempo e ritmo de estudo. Não faz muito sentido definir determinado tempo para um curso a distância como ocorre no ensino presencial. Se um aluno deseja estudar oito horas por dia e consegue cumprir todos os requisitos necessários para ser qualificado em certa disciplina, por que exigir que o curso dure o correspondente, por exemplo, ao estudo de apenas quatro horas por dia?

Acredito também que a maioria de nossos professores não está preparada para ensinar a distância. Faz-se necessária a qualificação deles no uso dos recursos tecnológicos fundamentais para essa modalidade de ensino. O país tem pouquíssima experiência em recursos pedagógicos adequados ao ensino não presencial, lançando mão dos que são usados em sala de aula, o que, na maioria das vezes, se mostra inadequado.

Quanto à pessoa com deficiência, entendo que o ensino a distância trará enormes benefícios. Um dos grandes problemas é a locomoção. Nossas cidades não oferecem as mínimas condições para um cadeirante. As universidades, na maior parte, sequer possuem banheiros adaptados e rampas. Mesmo para uma pessoa cega, o deslocamento nos transportes públicos não acontece com a mesma rapidez que para a pessoa sem deficiência. Nem sempre encontramos alguém no ponto de ônibus para nos avisar quando chegou a linha que desejamos, para auxiliar em travessias de faróis etc.

Por isso, chegar em casa, jantar, colocar o meu pijama e ir à faculdade que fica dentro de meu escritório é, além de confortável, maravilhoso. Sem contar que, após cinco minutos do término da aula, já estou debaixo das cobertas.

Se para mim é uma comodidade, para pessoas que possuem algum tipo de deficiência mais limitante do ponto de vista físico, muito provavelmente o ensino a distância seja a única maneira possível de estudar.

Professor: Fique à vontade para falar mais sobre a educação a distância.

Laercio: Não sei se consegui contextualizar, mas essa oportunidade que tenho agora de exemplificar que alguém com deficiência pode realizar cursos a distância é muito significativa e certamente mudará a vida de mais pessoas do que podemos imaginar.

Laercio Sant'Anna é administrador de empresas; responsável pelo site sobre acessibilidade, disponível em: <http://www.prodam.sp.gov.br/acessibilidade>, que oferece suporte a produtos específicos para pessoas com deficiência, acessibilidade Internet/intranet da Prodam e Prefeitura de São Paulo; e docente convidado para o módulo Ferramentas e Programas de Acessibilidade dos cursos de verão ATIID da Faculdade de Saúde Pública da USP.

Notas

1 DILLON, Connie; GREENE, Bárbara. "Learner differences in distance learning: finding differences that matter". In: MOORE, Michael Grahame; ANDERSON, William G. (Eds.). *Handbook of distance education*. Mahwah, NJ: Lawrence Erlbaum, 2003, p. 235-244.

2 HANNAFIN, Michael et al. *Cognitive and learning factors in web-based distance learning environments*. Mahwah, NJ: Lawrence Erlbaum Associates, 2003, p. 246.

3 PALLOFF, Rena M.; PRATT, Keith. *O aluno virtual:* um guia para trabalhar com estudantes online. Trad. Vinicius Figueira. Porto Alegre: Artmed, 2004, p. 25-35.

4 Cf., por exemplo: DIRR, Peter. "Distance education policy issues: towards 2010". In: MOORE, Michael Grahame; ANDERSON, William G. (Eds.). *Handbook of distance education*. Mahwah, NJ: Lawrence Erlbaum, 2003, p. 469-470.

5 As discussões sobre as funções do tutor que seguem estão baseadas principalmente em: BONK, Curtis J.; DENNEN, Vanessa. "Frameworks for research, design, benchmarks, training, and pedagogy in web-based distance education". In: MOORE, Michael Grahame; ANDERSON, William G. (Eds.). *Handbook of distance education*. Mahwah, NJ: Lawrence Erlbaum, 2003, p. 337-339.

6 LÉVY, Pierre. *Cibercultura*. Trad. Carlos Irineu da Costa. São Paulo: Editora 34, 1999, p. 171.

7 Disponível em: <http://www.abed.org.br/publique/cgi/cgilua.exe/sys/start.htm?UserActiveTemplate=4abed&sid=83>. Acesso em: 31 maio 2007.

8   MAIA, Carmem; RONDELLI, Elizabeth; FURUNO, Fernanda (Org.). *A educação a distância e o professor virtual:* 50 temas em 50 dias on-line. São Paulo: Anhembi Morumbi, 2005, p. XX.
9   GRANGER, Daniel; BOWMAN, Maureen. "Constructing knowledge at a distance: the learner in context". In: MOORE, Michael Grahame; ANDERSON, William G. (Eds.). *Handbook of distance education.* Mahwah, NJ: Lawrence Erlbaum, 2003, p. 175.

6 Direitos autorais em EaD

São inúmeros e extremamente complexos os problemas relacionados a direitos autorais em educação a distância. De alguma maneira, esses problemas estão subordinados a um universo bem mais amplo, o dos direitos autorais na Internet, tema presente em todos os textos de ética em computação. O desenvolvimento da Internet trouxe várias complicações metodológicas, éticas e legais para o terreno da propriedade intelectual. As questões de direitos autorais em EaD estão, ainda, delimitadas ao campo da educação, que tem características próprias, indicadas na própria legislação. Nosso objetivo neste capítulo é mapear um pouco esses problemas para alertar os profissionais que trabalham com EaD. O professor, os alunos, os designers, os monitores e as próprias instituições que praticam EaD, principalmente EaD on-line, precisam estar cientes dos riscos que correm.

É comum ouvir frases como "tudo que está na Internet é domínio público, então posso copiar e colar à vontade". Mas isso é verdade? Quais são os limites? O que você pode copiar e de onde? O que não pode copiar, a menos que tenha autorização? Autorização de quem? Você sabe responder a essas questões?

Simonson et al.[1] listam alguns mitos relacionados aos direitos autorais na Internet e mais especificamente à EaD:

Mito 1. Um trabalho deve estar publicado e registrado para receber proteção de direitos autorais.

Mito 2. Se não tiver uma indicação de copyright, o trabalho é de domínio público.

Mito 3. Tudo que está na Internet está em domínio público.

Mito 4. Um trabalho protegido por direitos autorais em um país é domínio público em outros.

Mito 5. A doutrina do *fair use* (uso justo) significa que materiais protegidos por direito autoral podem ser usados em um ambiente educacional sem a necessidade de permissão.

Mito 6. Quaisquer materiais protegidos por direitos autorais podem ser digitalizados e colocados em um site da Web de um curso sem permissão, desde que o site seja protegido por senha.

Este capítulo pretende abordar esses e outros mitos. De qualquer maneira, cabe já prevenir o leitor de que os textos sobre EaD escritos em outras línguas apresentam essas questões do ponto de vista da legislação dos países estrangeiros, e, portanto, suas observações e seus comentários não correspondem às leis brasileiras.

6.1. Propriedade intelectual

É possível diferenciar pelo menos quatro tipos de proteção da propriedade intelectual: os segredos de negócios, o registro de marcas, o registro de patentes e os direitos autorais. Várias questões de direitos autorais relacionadas à EaD surgem em função da complexidade desses sistemas de proteção.

6.1.1. Segredos de negócios

Segredos de negócio (ou segredos de fábrica) são informações técnicas ou estratégicas que as empresas consideram essenciais em suas atividades e que por isso são mantidas em segredo, como fórmulas ou outras informações relacionadas a produtos, processos ou métodos de produção (entre elas, por exemplo, as matérias-primas utilizadas), listas (de clientes, fornecedores, distribuidores etc.), planos estratégicos etc. Um exemplo costumeiramente citado é a fórmula do refrigerante Coca-Cola. Segredos de negócios não são divulgados nem protegidos, mas mesmo assim são considerados propriedade intelectual da empresa e por isso não podem ser copiados.

6.1.2. Marcas e patentes

As marcas, ou seja, os sinais distintivos visualmente perceptíveis, são registráveis no Brasil por um período de dez anos, admitindo-se sua prorrogação por períodos iguais e sucessivos. As marcas podem ser nominativas (combinações de letras e algarismos), figurativas (desenhos, imagens, figuras ou formas estilizadas de letras e números), mistas (combinação de elementos nominativos e figurativos) ou tridimensionais (forma plástica de produto ou embalagem).

As patentes, por sua vez, protegem as criações industrializáveis relativas a produtos e invenções. O titular de uma patente passa a ter o direito de impedir que terceiros produzam, comercializem, importem e mesmo utilizem produtos ou processos objetos da patente sem a sua licença.

O sistema de patentes procura incentivar o inventor a prosseguir em suas pesquisas, garantindo proteção a seus investimentos, além de incentivar os concorrentes a buscarem alternativas, o que supostamente geraria um benefício para a sociedade. Além disso, com a divulgação da invenção pelo documento de patente, a sociedade se beneficiaria também com o conhecimento de uma tecnologia que, de outra maneira, poderia permanecer restrita a um segredo comercial.[2]

No Brasil, marcas, patentes e desenhos industriais são registrados no Instituto Nacional de Propriedade Industrial (INPI)[3] e regidos pela Lei n. 9.279/96.[4] A proteção à patente de invenção dura 20 anos e é válida somente em território nacional, sendo necessário estender a patente a outros países para garantir os mesmos direitos. Patentes de modelo de utilidade têm validade de 15 anos, e de desenhos industriais, dez anos, neste último caso com possibilidade de prorrogação.

Segundo o artigo 8º da Lei de Propriedade Industrial, "é patenteável a invenção que atenda aos requisitos de novidade, atividade inventiva e aplicação industrial".[5]

Diversas atividades desenvolvidas na Internet, especialmente comerciais, passaram a ser patenteadas, por exemplo, o ato de fazer o download de dados, a forma de efetuar pagamentos por meio de sites seguros, o uso de carrinhos eletrônicos para realizar compras on-line, a análise de como os usuários percorrem sites na Internet por conteúdo etc. Isso, é claro, tem gerado inúmeras disputas legais. Não é impossível imaginar, portanto, que cursos de EaD possam ser patenteados, usando como justificativa esses casos estranhos.

6.1.3. Direitos autorais

Em uma sociedade virtual, como a sociedade da informação, é natural que os direitos de propriedade sejam mais complexos do que em uma sociedade essencialmente material. Os direitos de propriedade, particularmente os direitos de propriedade intelectual, consolidaram-se no mesmo momento em que se estabeleceram a imprensa, o livro e a figura do autor. Os direitos autorais servem a uma economia comercial baseada na materialidade como engrenagem de uma rede que inclui também leitores, tradutores, impressores, editores, distribuidores, livreiros etc. Na sociedade da informação, entretanto, essa figura do autor, assim como de seus respectivos direitos, é compreensivelmente colocada em jogo por vários motivos, como veremos.

O sistema de *direitos autorais* procura proteger as obras literárias ou criativas.

A proteção dos direitos autorais aplica-se a trabalhos de autoria e por isso requer originalidade e algum grau de criatividade. Uma obra, para ser protegida por direitos autorais, deveria a princípio estar fixa em um meio tangível de expressão, mas, em função do progresso constante da tecnologia, a legislação já fala hoje em meios intangíveis, que sejam até mesmo inventados no futuro. No Brasil, os direitos do autor perduram por 70 anos após a sua morte.

Os direitos autorais, ao contrário das patentes, não necessitam de registro, e este é um dos mitos que listamos. Isso quer dizer que quase tudo na Internet está, automaticamente, protegido por direitos do autor, mesmo que não tenha a indicação de copyright ou o símbolo ©. O simples ato de fazer uma cópia de uma página da Internet no seu computador, mesmo que involuntariamente, quando realizada pelo próprio sistema e sem a interferência do usuário, pode se constituir em violação dos direitos autorais, assim como o xerox de um livro, a cópia de um software ou a utilização de imagens ou músicas em um site. Escanear um texto e disponibilizá-lo em um curso a distância, ou na Web, por exemplo, é uma violação de direitos autorais.

Os direitos autorais proíbem terceiros de copiar, reproduzir, distribuir, representar, mostrar e expor publicamente um trabalho, mas não de utilizar as idéias nele contidas. Segundo o artigo 8º da Lei de Direitos Autorais, não são objeto de proteção como direitos autorais:

I — *as idéias*, procedimentos normativos, sistemas, métodos, projetos ou conceitos matemáticos como tais; [grifo nosso]

II — os esquemas, planos ou regras para realizar atos mentais, jogos ou negócios;

III — os formulários em branco para serem preenchidos por qualquer tipo de informação, científica ou não, e suas instruções;

IV — os textos de tratados ou convenções, leis, decretos, regulamentos, decisões judiciais e demais atos oficiais;

V — as informações de uso comum tais como calendários, agendas, cadastros ou legendas;

VI — os nomes e títulos isolados;

VII — o aproveitamento industrial ou comercial das idéias contidas nas obras.[6]

Direitos autorais proíbem ainda terceiros de criar trabalhos derivativos (ou seja, obras que constituem criação intelectual nova, mas que resultem da transformação de obra originária), o que também pode ser encarado por seu lado negativo. Um autor, entretanto, pode dar a permissão para que outros realizem qualquer uma dessas atividades.

Não é tão simples, como no caso de textos impressos, determinar quem é o autor de textos eletrônicos, principalmente dos produzidos em cursos de EaD. Os padrões legislativos sobre direitos autorais estão baseados na noção de obras ou trabalhos fixos. O copyright depende de uma linha divisória entre obras que marque onde um texto termina e outro começa. Os textos eletrônicos, entretanto, não são entidades tão estáveis nem independentes. O processamento eletrônico de textos dissolve a característica fixa de um texto impresso, que sustentou por séculos os conceitos legais de propriedade autoral. Cada vez mais assistimos à produção e difusão de textos coletivos ou mesmo anônimos na Internet.

A facilidade para colar e copiar passagens de textos eletrônicos torna também muito mais difícil o controle do plágio, apesar de já existirem softwares específicos para esses propósitos. Muitos textos são divulgados pela Internet com autorização para o leitor fazer uma cópia particular, ou até mesmo imprimir e fazer cópias indiscriminadamente, desde que citada a fonte. Afinal, citar uma fonte é uma garantia contra a acusação de plágio (reprodução de trechos de uma obra sem a indicação da fonte), mas não é, de imediato, uma garantia contra uma acusação baseada em direitos de propriedade (copyright). Ou seja, citar e indicar a fonte da citação não é sinônimo de autorização para reproduzir um trecho de uma obra.

Na legislação nacional, esses dois conceitos em princípio não se diferenciam com clareza. O artigo 46, incisos III e VIII, da Lei n. 9.610 (de 19 de fevereiro de 1998) — Lei de Direitos Autorais, afirma:

Art. 46. Não constitui ofensa aos direitos autorais:

[...]

III — a citação em livros, jornais, revistas ou qualquer outro meio de comunicação, de passagens de qualquer obra, para fins de estudo, crítica ou polêmica, na medida justificada para o fim a atingir, indicando-se o nome do autor e a origem da obra;

[...]

VIII — a reprodução, em quaisquer obras, de pequenos trechos de obras preexistentes, de qualquer natureza, ou de obra integral quando de artes plásticas, sempre que a reprodução em si não seja o objetivo principal da obra nova e que não prejudique a exploração normal da obra reproduzida nem cause um prejuízo injustificado aos legítimos interesses dos autores.[7]

Torna-se necessário, para a compreensão e aplicação da lei nacional, interpretar algumas expressões vagas como "na medida justificada para o fim a atingir", "sempre que a reprodução em si não seja o objetivo principal da obra nova", "que não prejudique a exploração normal da obra reproduzida" e "prejuízo injustificado aos legítimos interesses do autor". De qualquer maneira, a indicação da fonte é apenas um dos requisitos a serem cumpridos em respeito aos direitos do autor.

Na legislação norte-americana, a expressão utilizada com o mesmo sentido é *'fair use'* ou 'uso justo'. Para determinar se a reprodução de um trecho de uma obra está baseada no *fair use*, é necessário levar em conta o propósito e o caráter do uso, a natureza do trabalho reproduzido, a quantidade e a substancialidade do trabalho utilizado e os efeitos gerados no potencial de mercado.

Não existe, pois, uma barreira nítida entre o uso justo e os direitos de propriedade, e essa barreira tem sido constantemente deslocada com o surgimento de novas tecnologias. Parece que aqui se chocam dois princípios básicos da modernidade: de um lado, o direito de pessoas deterem propriedade e, de outro lado, o direito da sociedade de acesso ao fluxo de informação, o direito do usuário e o interesse público coletivo.

Se essas questões já se demonstravam extremamente complexas antes do texto eletrônico, pode-se imaginar o embaralhamento introduzido pela sociedade da informação. Afinal, deveria a Internet ser considerada por meio dos mesmos parâmetros utilizados para legislar sobre a imprensa ou trata-se de uma outra mídia, que por isso exige uma nova abordagem legal? Ao fazermos download, estaríamos copiando um texto, de forma que essa atividade deva estar submetida às mesmas regras tradicionais do direito autoral? Os provedores de acesso à Internet devem ser considerados agentes similares às companhias telefônicas (que não têm responsabilidade sobre o conteúdo de uma chamada telefônica) ou às editoras (que são responsáveis, legalmente, pelo que publicam)? E o que dizer da responsabilidade das empresas que oferecem hospedagem para sites?

A liberdade de expressão e o controle de conteúdos na Internet são temas principais da ética da computação. Eric Raymond discutiu esse tema em um artigo que se tornou referência: "A catedral e o bazar", cuja tradução pode ser encontrada na Internet.[8]

A Internet deve ser concebida como uma catedral, onde as pessoas são obrigadas a entrar em sites pela porta principal (as home pages) e assim passariam necessariamente pelos patrocinadores dos sites, podendo ser direcionadas em suas explorações; ou como um bazar, onde as pessoas entram por diferentes portas e percorrem as prateleiras de maneira desordenada, como desejarem?

Muitas home pages apresentam anúncios, por meio dos quais os organizadores da página são remunerados quando o internauta entra nos sites dos anunciantes por intermédio dessa página e realiza alguma compra. Quando alguém cria um link para uma página que está ligada a essa home page, sem passar por ela, estaria, portanto, saltando sobre os anúncios, prejudicando, nesse sentido, a possibilidade de os organizadores do site serem remunerados. Apresenta-se portanto mais um dilema: a Web deve ser compreendida por meio da idéia de sites como propriedade, e então eu teria direito de determinar ao internauta por onde ele deve entrar; ou, ao contrário, devem-se respeitar a falta de controle central e a liberdade que, desde o início, marcam a Web e assim franquear ao internauta a escolha das formas de acesso às páginas? Enfim, deve-se conceber a Web como um bazar (sem entradas fixas) ou como uma catedral (com uma majestosa porta de entrada)?

A Internet se assemelharia mais a uma *mídia de comunicação*, como uma rede telefônica, que não estaria submetida ao regime de direitos autorais; ou a uma *mídia impressa* que, ao contrário, está submetida ao regime de direitos autorais? Uma editora, uma livraria ou uma rede de televisão? Nessa perspectiva, os provedores devem ser considerados responsáveis por violações de leis de direitos autorais ou pornografia por parte de seus clientes, como as editoras e os jornais, ou funcionam mais como companhias telefônicas, que não são responsáveis pela troca de informações entre seus clientes?

Podemos estender o raciocínio de Raymond para a EaD: o que pensar, por exemplo, da responsabilidade das universidades e dos ambientes de aprendizagem? Eles devem ser considerados responsáveis por problemas de direitos autorais que ocorram em seus servidores? São, para efeito de direitos autorais, mídias de comunicação ou mídias impressas?

6.1.4. Problemas

Alguns exemplos que podem trazer problemas de direitos de propriedade intelectual, relacionados à Internet, são links a imagens; difamações com links para páginas onde indivíduos sejam identificados; um link que pode levar o usuário a concluir que um site é afiliado, aprovado ou patrocinado por determinada marca; e a inclusão de nomes de concorrentes em *metatags* (etiquetas que vinculam um conteúdo a palavras-chave e que servem de referência para os sistemas de busca), fazendo com que uma página apareça em buscas de marcas concorrentes.

Nunca se constituiu infração a qualquer dispositivo legal o fato de emprestarmos um livro a uma pessoa. Mas o que dizer das situações em que fornecemos a senha para um aluno, ou outra pessoa qualquer, para acessar o material de um curso on-line? Ao transferir um direito (pelo qual eu teria pago), não estaria infringindo os direitos autorais do organizador do material? É nesse sentido que nos contratos de software, por exemplo, quando aceitamos as regras por meio de um simples clique, acabamos em geral abdicando do direito de passar a propriedade para outro. Surgiram, desse modo, autorizações mistas, encriptadas, em que só é fornecido o direito de acesso uma vez, por um dia, ou em que o direito é controlado de alguma outra maneira.

Não é apenas em relação aos direitos autorais que a Internet introduz complicadores: questões interessantes de patente também são geradas. A Amazon, que disputa com a Barnes & Noble o título de principal livraria on-line do planeta, patenteou o sistema de clique (1-Click) para a compra de livros e moveu um longo processo contra a Barnes & Noble por infringir sua patente, sendo que as duas empresas chegaram a um acordo há alguns anos. Mas, afinal de contas, seria patenteável o simples ato de clicar em uma tecla? Não seria isso uma atividade natural, ou propriedade da Internet, ela mesma uma rede sem donos?

6.1.5. Google

Uma interessante polêmica ocorreu quando o Google propôs-se, em 2005, a digitalizar milhões de livros de grandes bibliotecas do mundo, por meio do Google Print. A atitude foi criticada por associações de editoras norte-americanas, e, imediatamente, a organização de escritores Author's Guild processou o Google, acusando-o de violação de direitos autorais, no que foi seguida por outras associações. Além disso, diversos países sentiram-se marginalizados, entre eles a França, pois o projeto incluía basicamente livros em inglês. Logo em seguida, o Google interrompeu o projeto em relação aos livros sujeitos a direitos autorais, renomeando-o posteriormente para Google Book Search.[9] O Yahoo!, por sua vez, propôs um projeto semelhante, o Internet Archive, disponibilizando apenas trechos de livros que já estejam em domínio público ou autorizados por seus autores.

Essa história ainda promete novos capítulos, e todo profissional de EaD deve acompanhá-la, pois seus desdobramentos poderão influenciar o cenário dos direitos autorais ligados à educação e à Internet.

6.1.6. Legislação

No Brasil, para dirimir algumas dessas questões do ponto de vista legal, deve-se levar em consideração inicialmente a Lei de Direitos Autorais, Lei n. 9.610/98.[10] Eis o que dizem alguns de seus artigos:

> Art. 7º São obras intelectuais protegidas as criações do espírito, expressas por qualquer meio ou fixadas em qualquer suporte, tangível ou intangível, conhecido ou que se invente no futuro, tais como:
>
> I — os textos de obras literárias, artísticas ou científicas;
>
> II — as conferências, alocuções, sermões e outras obras da mesma natureza;
>
> III — as obras dramáticas e dramático-musicais;
>
> IV — as obras coreográficas e pantomímicas, cuja execução cênica se fixe por escrito ou por outra qualquer forma;
>
> V — as composições musicais, tenham ou não letra;
>
> VI — as obras audiovisuais, sonorizadas ou não, inclusive as cinematográficas;

VII — as obras fotográficas e as produzidas por qualquer processo análogo ao da fotografia;

VIII — as obras de desenho, pintura, gravura, escultura, litografia e arte cinética;

IX — as ilustrações, cartas geográficas e outras obras da mesma natureza;

X — os projetos, esboços e obras plásticas concernentes à geografia, engenharia, topografia, arquitetura, paisagismo, cenografia e ciência;

XI — as adaptações, traduções e outras transformações de obras originais, apresentadas como criação intelectual nova;

XII — os programas de computador;

XIII — as coletâneas ou compilações, antologias, enciclopédias, dicionários, bases de dados e outras obras, que, por sua seleção, organização ou disposição de seu conteúdo, constituam uma criação intelectual.

[...]

Art. 46. Não constitui ofensa aos direitos autorais:

[...]

IV — *o apanhado de lições* em estabelecimentos de ensino por aquelas a quem elas se dirigem, vedada sua publicação, integral ou parcial, sem autorização prévia e expressa de quem as ministrou; [grifo nosso]

[...]

VI — a representação teatral e a execução musical, quando realizadas no recesso familiar ou, para fins exclusivamente didáticos, nos estabelecimentos de ensino, não havendo em qualquer caso intuito de lucro;

[...]

VIII — a reprodução, em quaisquer obras, de pequenos trechos de obras preexistentes, de qualquer natureza, ou de obra integral, quando de artes plásticas, sempre que a reprodução em si não seja o objetivo principal da obra nova e que não prejudique a exploração normal da obra reproduzida nem cause um prejuízo injustificado aos legítimos interesses dos autores.

[...]

Art. 87. O titular do direito patrimonial sobre uma base de dados terá o direito exclusivo, a respeito da forma da expressão da estrutura da referida base, de autorizar ou proibir:

I — sua reprodução total ou parcial, por qualquer meio ou processo;

II — sua tradução, adaptação, reordenação ou qualquer outra modificação;

III — a distribuição do original ou cópias da base de dados ou a sua comunicação ao público;

IV — a reprodução, distribuição ou comunicação ao público dos resultados das operações mencionadas no inciso II deste artigo.

Não é preciso dizer que a expressão "apanhado de lições" em estabelecimentos de ensino não é nada clara e precisa para dirimir supostas dúvidas em relação ao uso de material protegido por direitos autorais em ambientes, presenciais ou virtuais, de educação.

O profissional de EaD, e mesmo o aluno, deve, entretanto, conhecer não apenas a Lei de Direitos Autorais, mas também a Lei de Software, Lei n. 9.609/98,[11] que discute especificamente questões de propriedade intelectual de programas de computador, entre elas proteção aos direitos autorais e registro, garantias dos usuários, contratos, penalidades e sanções. Vejamos alguns artigos que esclarecem (ou deveriam esclarecer) muitas dúvidas para quem trabalha com EaD:

> Art. 4º Salvo estipulação em contrário, pertencerão exclusivamente ao empregador, contratante de serviços ou órgão público, os direitos relativos ao programa de computador, desenvolvido e elaborado durante a vigência de contrato ou de vínculo estatutário, expressamente destinado à pesquisa e desenvolvimento, ou em que a atividade do empregado, contratado de serviço ou servidor seja prevista, ou ainda, que decorra da própria natureza dos encargos concernentes a esses vínculos.
>
> § 1º Ressalvado ajuste em contrário, a compensação do trabalho ou serviço prestado limitar-se-á à remuneração ou ao salário convencionado.
>
> § 2º Pertencerão, com exclusividade, ao empregado, contratado de serviço ou servidor os direitos concernentes a programa de computador gerado sem relação com o contrato de trabalho, prestação de serviços ou vínculo estatutário, e sem a utilização de recursos, informações tecnológicas, segredos industriais e de negócios, materiais, instalações ou equipamentos do empregador, da empresa ou entidade com a qual o empregador mantenha contrato de prestação de serviços ou assemelhados, do contratante de serviços ou órgão público.
>
> § 3º O tratamento previsto neste artigo será aplicado nos casos em que o programa de computador for desenvolvido por bolsistas, estagiários e assemelhados.

Pela complexidade da legislação, da qual essas citações são apenas uma amostra, fica claro que as instituições de ensino devem sempre procurar a orientação de experientes advogados especializados em direitos autorais para definir suas práticas, e que os professores e alunos de EaD devem sempre tirar suas dúvidas nas instituições às quais estão vinculados, e, na dúvida, é sempre melhor não utilizar um material sobre o qual não se sintam seguros em relação aos direitos autorais.

6.1.7. Antipirataria

Mundialmente, sites de trocas de arquivos têm sido processados e até usuários adolescentes têm sido presos por troca de filmes e download de músicas na Internet, além de pessoas e empresas que comercializam arquivos pirateados. A Associação Brasileira das Empresas de Software (Abes)[12] tem procurado coordenar esforços antipirataria em nosso país. Alguns de seus grupos de trabalho denominam-se 'Antipirataria Corporativa' e 'Antipirataria Consumo'. As iniciativas antipirataria de software no Brasil começaram em 1989 com a parceria entre a Abes e a Business Software

Alliance (BSA). Desde então, essas entidades unem esforços para educar e conscientizar consumidores sobre o uso correto e o gerenciamento de software, conforme a legislação em vigor, chegando a produzir relatórios oficiais sobre a pirataria de software no Brasil.

6.1.8. Creative Commons

Ao contrário do que muita gente pensa, em princípio tudo que está disponível na Internet está protegido por direitos autorais, a menos que já tenha caído em domínio público. Alguns autores, entretanto, têm liberado suas criações para exploração sem fins lucrativos.

Têm surgido ainda fórmulas inovadoras para lidar com a questão dos direitos autorais na Internet, em que se combinam liberdade para uso individual e comercial de diversos tipos de materiais, como textos, arquivos de sons, imagens, vídeos etc.

Um exemplo que cresceu bastante e se tornou padrão é o Creative Commons, que procura combinar proteção com liberdade por meio da modificação do lema "todos os direitos reservados" para "alguns direitos reservados", ou seja, alguns direitos são cedidos ao público enquanto outros são retidos pelos autores, por diversos modelos de contratos e licenças.

No Brasil, o projeto é gerido pelo Centro de Tecnologia e Sociedade (CTS), da Escola de Direito da Fundação Getúlio Vargas no Rio de Janeiro. Vale a pena percorrer o site[13] e compreender qual é a proposta do Creative Commons. É provável que esse modelo seja cada vez mais utilizado e que possa também se tornar um padrão para a EaD.

6.1.9. Internet e fim do copyright

É possível identificar uma oposição radical nas concepções legais sobre a Internet, cujo confronto deve determinar o futuro da legislação sobre o ciberespaço. De um lado, os que acreditam que as leis, como estão, são suficientes, e a questão do *fair use* deve continuar regulando as discussões sobre os direitos autorais, mesmo no ambiente eletrônico. De outro, os que acreditam que a informação deve ser livre, que é impossível regular a Internet, por sua própria natureza anárquica e pelo processo de globalização ao qual ela está submetida. É possível, desde já, visualizar um meio-termo: as leis atuais não vão funcionar para a sociedade da informação, e tende a ocorrer uma erosão da noção de *fair use*. Seria necessária, portanto, a redação de novas leis que possam disciplinar esse novo cenário.

Muitos defendem que o desenvolvimento da Internet acabará por decretar o fim do copyright. Enquanto isso não ocorrer, se é que vai ocorrer algum dia, é importante que os profissionais de EaD procurem sempre ter certeza de que o material que estão utilizando não esteja protegido intelectualmente ou que tenham autorização ou direito de utilizá-lo.

6.2. EaD

Já abordamos, neste capítulo, diversos exemplos de propriedade intelectual que têm relação com a EaD. Para finalizar, vamos discutir assuntos específicos que interessam diretamente aos participantes do mercado de educação a distância.

6.2.1. Professores e produção de conteúdo

No caso de obras multimídia, é muito difícil conceber que os direitos autorais pertencem aos criadores dos sons, imagens, fotos etc. ou aos organizadores (no caso de obras coletivas), enquanto os direitos autorais sobre o software pertencem ao encomendante, empregador ou contratante dos serviços.

A mesma complexidade pode ser observada em relação aos direitos autorais do material de curso, cujo conteúdo é produzido pelos professores, principalmente com o desenvolvimento da educação a distância.

Tradicionalmente, os professores eram os 'donos' do material didático que organizavam para seus cursos presenciais, tanto que podiam 'transportá-lo' quando mudavam de uma instituição de ensino para outra, chegando muitas vezes a publicar esse material e receber royalties como autor. A questão que se apresenta para a EaD é a seguinte: as faculdades e universidades têm o direito de colocar o material de cursos, organizados por seus professores, on-line e lucrar com esse material sem que os professores sejam remunerados? Afinal, teria o professor já sido pago para desenvolver seu curso ou apenas para ministrar as aulas, mantendo nesse sentido os direitos de propriedade intelectual sobre o material didático? Na Internet, essa propriedade sobre materiais didáticos tende a ser facilmente perdida. Afinal de contas, quem é o proprietário intelectual do material dos cursos, os professores ou a instituição? Antes, os professores não precisavam dividir os royalties de seu trabalho com as instituições, o que parece, agora, estar mudando.

Quem é o detentor dos direitos autorais, por exemplo, se o professor é um funcionário registrado da instituição, e não simplesmente um terceirizado? A legislação prevê que, caso o trabalho esteja incluído no contrato entre a instituição e o funcionário, a instituição deteria tais direitos. Mas produzir material para aulas estaria previsto no contrato entre instituições de ensino e professores? E no caso de vídeos? E de transmissão por televisão? E pela Internet? Como ficam os casos em que o professor utiliza os equipamentos da instituição para produzir material ou mesmo o investimento que muitas instituições fazem na produção de material para EaD?

Supostamente, se não há contrato de trabalho entre instituição e profissional que especifique a produção de material para EaD, o autor deteria os direitos autorais do que tivesse produzido. Para resolver divergências, devem ser considerados o horário de trabalho, a relação trabalhista entre o empregador e o empregado, se os materiais e equipamentos são fornecidos pela instituição, enfim, há uma série de variáveis que torna extremamente complexo dar uma resposta única e final a essas questões em EaD.

A Lei de Direitos Autorais brasileira,[14] em seu artigo 5º, inciso VIII, *caput* h, define obra coletiva como "a criada por iniciativa, organização e responsabilidade de uma pessoa física ou jurídica, que a publica sob seu nome ou marca e que é constituída pela participação de diferentes autores, cujas contribuições se fundem numa criação autônoma", e o artigo 17, parágrafo 2º, afirma: "cabe ao organizador a titularidade dos direitos patrimoniais sobre o conjunto da obra coletiva".

As instituições teriam os direitos patrimoniais sobre o conjunto da obra coletiva, isto é, os direitos de comercialização da obra, e os direitos autorais continuariam sendo do autor. Mas e os direitos patrimoniais específicos sobre o conteúdo produzido pelo professor, pertenceriam ainda ao docente? E o que isso quereria dizer?

A legislação brasileira permite que o autor faça uma cessão dos direitos patrimoniais de sua produção intelectual, e assim a instituição de ensino, com uma autorização do docente, pode passar a deter os direitos patrimoniais também do conteúdo, e não apenas do conjunto da obra. Dessa maneira, o contrato entre a instituição de ensino e o conteudista costuma descrever a relação de trabalho, os valores a serem pagos e os direitos e deveres de ambas as partes. Em uma solução intermediária, adotada em alguns casos, o professor continua a deter a propriedade do conteúdo (podendo, portanto, utilizá-lo em outros trabalhos), e a instituição detém a propriedade do material produzido para EaD.

Pela complexidade de todas essas questões, é importante que a instituição de ensino deixe clara sua política em relação a direitos autorais em EaD, ou seja, não é possível simplesmente atuar em EaD como se não existissem problemas e fingir-se cega. O conteudista deve também estudar os detalhes do contrato antes de assiná-lo e mesmo de se comprometer com a produção de qualquer conteúdo. São bastante comuns os casos em que as instituições fazem várias promessas verbais para o professor, por exemplo, participação percentual em todas as situações de comercialização dos cursos, como ocorre com o autor de livros, que em geral recebe um percentual sobre cada livro vendido, mas essas promessas não constam do contrato que ele recebe para assinar, que muitas vezes aparece apenas quando o conteúdo já foi produzido e entregue à instituição, e então o professor tem menos poder de negociação porque o trabalho já foi realizado.

6.2.2. Material dos alunos

Outro tema interessante, ligado a direitos autorais na Internet, ocorre em relação ao material dos alunos que participam de cursos a distância.[15] Quem detém a propriedade do trabalho quando ele é colocado em um fórum de discussões? Seria necessário pedir permissão aos alunos de cursos on-line para que suas contribuições fossem arquivadas no servidor da universidade? Seria necessária a assinatura de uma renúncia legal por parte dos alunos que participam do ensino a distância on-line, a fim de permitir o uso de sua imagem e de suas contribuições?

Os alunos on-line são os proprietários de seu trabalho; portanto, têm o direito de dizer como ele será e como não será utilizado. Os alunos têm ainda direito, mesmo com a renúncia, de saber como os cursos serão arquivados, quem terá acesso aos arquivos, o propósito para o qual o material será usado e por quanto tempo o arquivo será mantido. Se os alunos contribuem significativamente, e a contribuição é incorporada às novas edições do curso, eles precisam de alguma maneira ser recompensados.

6.2.3. Plágios

A maior parte dos plágios, por parte dos alunos, ocorre como resultado da ignorância das regras de citação, não sendo em geral uma atitude intencional. No caso dos cursos on-line e da utilização da Internet, a confusão aumenta quando se trata de como e quando citar. Pelo fato de os sites da Internet serem muito fáceis de acessar, os alunos podem, por engano, achar que tudo é domínio público, estando assim dispensados do uso da citação da fonte. Apesar disso, o entendimento dos meios acadêmicos não é esse, e programas antiplágio foram desenvolvidos, sendo cada vez mais utilizados para 'pegar' os alunos. Além disso, indicar a fonte de uma citação não é condição para se livrar de problemas de direitos autorais, como já vimos. O reconhecimento do crédito da autoria é uma questão ética de metodologia científica, mas não exime necessariamente o autor de processos por violação de direitos autorais.

6.3. Uso educacional

Um dos mitos em relação a direitos autorais em EaD é que, em educação, podemos usar o que quisermos; tudo está liberado. Isso não é verdade.

Nem todos os usos educacionais são justos, e, portanto, podem também ser penalizados vários procedimentos que são considerados comuns em instituições de ensino. Todos devem ter acompanhado o histórico das salas de xerox nas faculdades e universidades. Não é permitido, pela lei, xerocar livros.

A Associação Brasileira de Direitos Reprográficos (ABDR),[16] fundada em 1992, é uma instituição sem fins lucrativos que reúne diversas editoras brasileiras contra a pirataria de livros. Em 2004, ela se uniu à Associação Brasileira para a Proteção dos Direitos Editoriais e Autorais (ABPDEA), fundada em 1999 por editores dissidentes. O objetivo da ABDR é a educação e conscientização em relação aos direitos autorais, atuando também como entidade fiscalizadora e repressora da reprodução ilegal das obras de seus associados. No seu site, é possível acessar o seguinte termo de compromisso, a ser assinado pelas universidades, que deixa clara a luta da ABDR:

TERMO DE COMPROMISSO

São partes no presente acordo de vontades:

ASSOCIAÇÃO BRASILEIRA DE DIREITOS REPROGRÁFICOS — ABDR, sociedade civil sem fins lucrativos, estabelecida na cidade do Rio de Janeiro, Estado do Rio de Janeiro, à Rua da Ajuda, n. 35, 18º andar, Centro, inscrita no CNPJ/MF sob o n. 96.298.658/0001-09, neste ato representada nos termos de seu contrato social, doravante denominada Editora; e

Universidade [•], pessoa jurídica de direito privado, estabelecida na cidade de [•], Estado de [•], na [•], inscrita no CNPJ/MF sob o n. [•], neste ato representada nos termos de seu contrato social, doravante denominada Universidade.

Considerando que a Editora é associada da Associação Brasileira de Direitos Reprográficos ("ABDR");

Considerando que a ABDR está promovendo a Campanha para o Enriquecimento do Acervo de Bibliotecas Universitárias pela qual seus associados comprometem-se a disponibilizar obras literárias para venda com grandes descontos e forma parcelada de pagamento para Instituições de Ensino Superior;

A Universidade tem interesse em aderir à Campanha para o Enriquecimento do Acervo de Bibliotecas Universitárias, e neste ato se compromete a:

i) enveredar esforços para buscar o cumprimento da Lei de Direitos Autorais (Lei Federal n. 9.610/98) em seu *campus* e, conseqüentemente, afastar a reprografia não autorizada de livros; e

ii) orientar os professores para não manterem em suas pastas, para orientação de estudo de seus alunos, armazenadas em Copiadoras estabelecidas no *campus* da Universidade ou nos seus arredores, cópias de trechos de livros.

E por estarem as partes justas e contratadas, assinam o presente contrato em 2 (duas) vias de igual teor e forma.

[local da assinatura], [dia] de [mês] de 2005.

_____   _____

Sr. [•]   *Sr.* [•]
Representante da Editora   Representante da Universidade

O site da ABDR mantém ainda listas, fotos e vídeos de apreensões feitas em diversas faculdades e universidades do país, e deve sempre ser consultado por quem tem dúvidas em relação a direitos autorais relacionados a livros.

Mas textos também não podem ser copiados da Internet, assim como não podem ser copiados botões, barras, símbolos, fundos, ícones, clipart, fotos, músicas, animações, vídeos etc. Já vimos que as obras de um autor, para estarem protegidas por direitos autorais, não precisam de registro, portanto, em princípio, tudo que está exposto na Internet fica protegido por direitos autorais, da mesma maneira que ocorre com os livros. Isso quer dizer que nada pode ser usado indiscriminadamente em educação, nem mesmo em EaD, do mesmo modo que não podem ser xerocados livros para uso em universidades. E não faz diferença se o acesso a um curso é protegido por senha ou não: a restrição ao acesso não altera as obrigações em relação à legislação de direitos autorais.

Em EaD esses problemas são infinitos. Um autor de uma mensagem de e-mail, por exemplo, tem automaticamente copyright sobre o que produz. A simples indicação a seus alunos, por parte de um professor ou de uma instituição, de um site em que cópias ilegais de um texto podem ser obtidas pode gerar problemas. Ficou famoso o processo movido pela banda de rock Metallica contra o Napster, por pirataria, pois envolvia também universidades norte-americanas de prestígio como University of Southern California, Yale University e Indiana University, uma vez que seus alunos utilizavam o programa para baixar ilegalmente músicas.

Bibliotecas, principalmente as digitais, são também outro foco de problema, pois muitas vezes podem permitir o acesso on-line a materiais (algumas vezes até mesmo copiados) sem que possuam a necessária permissão dos detentores dos direitos autorais. Uma biblioteca, em princípio, tem a mesma obrigação de qualquer outra instituição quando se trata de zelar pelos direitos autorais — ou talvez sua obrigação seja ainda maior —, portanto deve sempre obter permissões para disponibilizar on-line materiais aos usuários.

É importante notar que uma instituição de ensino pode ser processada tanto pelo que seus professores fazem, quanto pelo que fazem seus alunos, e até funcionários. Sendo assim, é essencial que as instituições de ensino tenham uma política bastante clara de direitos autorais, e que as regras sejam bem esclarecidas para todos os professores, alunos, funcionários e demais colaboradores. Em EaD, a educação em relação a direitos autorais é um tema essencial, que deveria ser trabalhado constantemente pelas instituições e pelos professores, no sentido de incluir essa reflexão em seus objetivos de educação dos alunos.

O principal problema é que a legislação é complexa e está em constante mutação, além de o acesso pela Internet não ter fronteiras, e as leis serem diferentes em cada país. Nada que esteja protegido por direitos autorais em um país pode ser considerado automaticamente de domínio público em outro: é necessário sempre consultar a legislação de cada país, o que torna a tarefa praticamente impossível.

Nos Estados Unidos, por exemplo, a legislação de direitos autorais já tem sido adaptada especificamente para o mercado de educação a distância, o que ainda não ocorreu no Brasil. A legislação atual de direitos autorais, entretanto, mesmo com suas revisões, dificilmente será capaz de lidar com a enorme complexidade de proteger os direitos de propriedade intelectual nesse imenso mercado internacional de informações, principalmente porque a EaD tende a, cada vez mais, internacionalizar-se.

Apesar da complexidade, as instituições, os profissionais de EaD e os alunos não podem simplesmente lavar as mãos, pois têm não apenas uma obrigação legal e ética de acompanhar a legislação, como educadores ou educandos, mas também uma preocupação financeira, uma vez que podem se tornar réus em processos que em geral envolvem valores monetários altíssimos.

Notas

1. SIMONSON, Michael et al. *Teaching and learning at a distance:* foundations of distance education. 3rd Upper Saddle River, NJ: Pearson Education, 2005, p. 120-121.
2. Instituto Nacional da Propriedade Industrial (INPI), *Patentes.* Disponível em: <http://www.inpi.gov.br/faq/patentes/patentes.htm?tr2>. Acesso em: 31 maio 2007.
3. Disponível em: <www.inpi.gov.br/>. Acesso em: 31 maio 2007.
4. Disponível em: <http://www.planalto.gov.br/ccivil_03/Leis/L9279.htm>. Acesso em: 31 maio 2007.
5. Disponível em: <http://www.planalto.gov.br/CCIVIL/Leis/L9279.htm>. Acesso em: 24 jul. 2007.
6. Disponível em: <http://www.planalto.gov.br/ccivil_03/leis/L9610.htm>. Acesso em: 24 jul. 2007.
7. Idem.
8. Disponível em: <http://www.geocities.com/CollegePark/Union/3590/pt-cathedral-bazaar-1.html>. Acesso em: 24 jul. 2007.
9. Google Pesquisa de Livros (Beta). Disponível em: <http://books.google.com/>. Acesso em: 31 maio 2007.
10. Lei n. 9.610, de 19 de fevereiro de 1998. Disponível em: <http://www.planalto.gov.br/CCIVIL/Leis/L9610.htm>. Acesso em: 31 maio 2007.
11. Disponível em: <http://www.planalto.gov.br/ccivil/Leis/L9609.htm>. Acesso em: 31 maio 2007.
12. Disponível em: <http:www.abes.org.br>. Acesso em: 31 maio 2007.
13. Disponível em: <http://www.creativecommons.org.br/>. Acesso em: 24 jul. 2007.
14. Disponível em: <http://www.planalto.gov.br/ccivil_03/leis/L9610.htm>. Acesso em: 24 jul. 2007.
15. Cf. o capítulo 'As questões legais e o aluno virtual', em que este parágrafo está baseado. In: PALLOFF, Rena M.; PRATT, Keith. *O aluno virtual:* um guia para trabalhar com estudantes on-line. Trad. Vinicius Figueira. Porto Alegre: Artmed, 2004, p. 125-133.
16. Disponível em: <http://www.abdr.org.br/>. Acesso em: 31 maio 2007.

7 O futuro da educação a distância

E agora? O que vai acontecer daqui para a frente? Que novas tecnologias devem influenciar diretamente o processo de ensino e aprendizagem?

Todos nós — mesmo quem hoje ainda não pratica EaD — precisamos nos adaptar a essa nova realidade. Não somente a essa, mas a outras realidades. É só passar por algum Starbucks em qualquer cidade civilizada do mundo para perceber como outros espaços estão surgindo para as pessoas aprenderem, se encontrarem, trabalharem, fazerem reuniões, acessarem aulas e se comunicarem com quem está distante e ao mesmo tempo perto. O advento das redes, da interatividade e das novas mídias está criando um novo tipo de ambiente, e o cenário do ensino e da aprendizagem também tem se modificado; é preciso, portanto, estar atento a esse movimento social para não afugentarmos os alunos das salas de aula. Acreditamos que é importante que todos os envolvidos com EaD tenham consciência dessas mudanças e consigam inovar e visualizar alguns cenários potenciais para o futuro da educação, de maneira que possam se preparar e mesmo se antecipar ao que deve ocorrer, e que afetará diretamente suas atividades.

Qualquer reflexão sobre o futuro da educação que façamos aqui, entretanto, corre o risco de se mostrar completamente desatualizada até a próxima edição do livro. Rápidos progressos nas tecnologias de computadores portáteis e *handheld*, *streaming* de áudio e vídeo, leitores de *feeds* RSS e *podcasting* (iPod + *broadcasting*) possibilitaram, em pouquíssimo tempo, soluções de ensino-aprendizado inimagináveis anos atrás ou que pareciam muito distantes no futuro.

Conceitos como os de 'estudo independente' e 'aprendizado aberto (*open learning*) e flexível' tendem a se aperfeiçoar e definir as regras da educação do futuro. Muitas instituições já aceitam hoje como créditos experiências de vida adquiridas pelo estudante, viagens ao exterior, estudos independentes, estudos intensivos (como *summer courses*), estudos em casa sob orientação, cursos de fim de semana e mesmo simples resultados de provas e exames, o chamado *informal learning* (aprendizagem informal).

Fala-se também, cada vez mais, em conceitos como os de '*ubiquitous learning*', '*pervasive learning*' e '*distributed learning*' (aprendizado distribuído), que apontam a possibilidade de a aprendizagem ser disseminada por toda parte e acessível de qualquer ponto, estar ao alcance de todos, ou seja, não estar mais limitada a uma sala de aula ou a um prédio da universidade.

Outro tema discutido atualmente é o *just-in-time learning*, que indica que as habilidades necessárias para o trabalho mudam constantemente e, assim, o ensino tem de ser continuamente modificado, atualizado e disponibilizado para que o aluno e o trabalhador possam acessá-lo sempre que precisarem ou quando tiverem um problema específico para resolver.

Um conceito que a autora deste livro tem pesquisado em seu pós-doutorado na Inglaterra é o de '*work-based learning*', traduzido pela autora por 'educação pelo trabalho' (EpT), metodologia de ensino adotada há mais de 20 anos no Reino Unido, que considera o que o aluno faz durante o seu trabalho como parte do currículo e contabiliza as atividades e a experiência anterior de trabalho como créditos para sua formação. A palavra-chave do *work-based learning* é '*work is the curriculum*', ou seja, as atividades desenvolvidas no trabalho formam a base da aprendizagem. É o princípio do aprender fazendo, partindo diretamente das necessidades dos alunos e de seu dia-a-dia profissional. Nesse modelo, o envolvimento entre professores, universidade, empresa e funcionário–aluno é fundamental, uma vez que todos têm seus papéis bem definidos, assim como suas responsabilidades e objetivos. Uma proposta que a autora ainda gostaria de ver implementada no Brasil, no sentido de acabar um pouco com essa disputa incoerente entre instituições de ensino superior e universidades corporativas, em prol da aprendizagem e do aluno.

A autora, mãe de duas filhas em idade de ingresso no ensino superior, acredita que não é mais preciso separar o momento de estudar do momento de trabalhar. Sabemos que, na vida, aprendemos enquanto fazemos e enquanto temos interesse no que estamos fazendo. No *work-based learning,* não é preciso separar o momento de trabalho do momento de estudo, o que poupa tempo e energia dos estudantes e os motiva muito mais para o sentido da aprendizagem. Quem tem filhos em idade de entrar na universidade sabe como é desmotivante para um estudante de 20 anos ir à instituição todo dia e, muitas vezes, não poder interagir, não poder perguntar ou ir simplesmente à universidade encontrar os amigos. *Work-based learning* também pode ser muito útil para mudar o formato dos currículos, focando-os mais nas necessidades e objetivos dos alunos, aproximando assim os programas de cursos da realidade do mercado de trabalho e da vida. No Brasil, segundo dados do Instituto Brasileiro de Geografia e Estatística (IBGE), a parcela de adultos trabalhadores com nível superior é ainda muito baixa, e esse público necessita de uma formação direcionada e focada no seu trabalho. O conceito de *work-based learning* incorporou as atividades desenvolvidas no trabalho e a experiência profissional do estudante como base para sua aprendizagem, delegando à universidade um novo papel: acompanhar, avaliar e complementar essa aprendizagem informal por meio de relatórios, leituras, pesquisa e interatividade de aluno e trabalhador, mentor na empresa e professores. Estabelece-se, dessa forma, um vínculo muito forte entre aluno, empresa e instituição de ensino.

A proposta do contrato de aprendizagem, já citada neste livro, é amplamente utilizada na metodologia de *work-based learning* (WBL), uma vez que o público-alvo é principalmente o adulto trabalhador. Uma das primeiras atividades — ou se quiserem chamar de disciplina — de um projeto de WBL é a elaboração de um Plano de Desenvolvimento Profissional e Pessoal (*Personal Development Plan* — PDP), ou *e-portfolio*, uma importante ferramenta de reflexão para o aluno que também serve de guia para o planejamento da aprendizagem do aluno por parte da instituição de ensino. Diferentemente da educação superior on-line, da sala de aula presencial e mesmo dos cursos *in-company*, no WBL o programa de curso será formatado com base nas proposições e colocações dos alunos, sendo, portanto, um modelo de educação mais flexível. O ambiente de trabalho é um local ideal para a aprendizagem; dessa maneira, o aluno-funcionário aprende trabalhando e refletindo sobre o que faz no cotidiano. Nessa perspectiva, diminui também a distância entre o ambiente do trabalho e o ambiente acadêmico.

Já estamos vivendo a fase do *mobile learning* (ou *mLearning*), o aprendizado por equipamentos portáteis, como celulares e PDAs (*Personal Digital Assistants*), aproveitando-se da tecnologia de acesso móvel à Internet. A EaD pode agora se vangloriar, cada vez mais, de oferecer ensino e aprendizagem em qualquer lugar e a qualquer momento. Não há mais ponto fixo de acesso ao aprendizado, e as pessoas podem aprender mesmo quando estão em movimento, deslocando-se. É provável que assistamos, nos próximos anos, ao desenvolvimento de uma pedagogia específica para o *mobile learning*.

Este livro abordou o progresso da Web 2.0, que torna desnecessária a propriedade de um equipamento de acesso à Internet: os aplicativos migram cada vez mais para a Web e os arquivos podem ser mantidos em servidores, sem a necessidade de fazer back-up. Pode-se, assim, manter um HD na Web, acessá-lo de qualquer equipamento, utilizar os aplicativos da Web... tudo de graça! Mas já se fala de uma Web 3.0, em que as informações serão organizadas e agrupadas em função dos interesses do usuário, sem a necessidade das cansativas buscas. Uma Web que incorpore os incríveis avanços da inteligência artificial. Teremos em pouco tempo uma máquina mais criativa e inteligente do que o ser humano? Como ficará a educação nesse novo cenário?

Vimos também brevemente as possibilidades de ambientes virtuais 3-D para a EaD, como o Second Life. É provável que acompanhemos, nos próximos anos, o desenvolvimento de ambientes desse tipo voltados especificamente para a educação.

Cada vez mais são aperfeiçoadas as experiências em salas de aula interativas, cujos professores e alunos conversam e se vêem. A televisão interativa é uma promessa também cada vez mais próxima. Não estamos longe das cavernas digitais, ambientes simulados para a aprendizagem virtual. E por que não viajar um pouco? Hologramas tridimensionais com contato virtual. Teletransporte. E assim por diante.

No momento em que este livro entrou em finalização, por exemplo, acaba de ser lançado o Microsoft Surface,[1] que promete liberar o usuário dos mouses e teclados, introduzindo a interação por voz, caneta e tato. O Microsoft Surface promete, ainda, revolucionar a maneira como manipulamos e interagimos com a informação digital, permitindo que as pessoas toquem e movam objetos na superfície para as mais diversas tarefas. O equipamento deve se conectar a vários outros dispositivos, como câmeras e celulares, e novos aplicativos devem surgir em pouco tempo. Entre três e cinco anos, a Microsoft pretende vender o produto a preços acessíveis aos consumidores individuais.

Então, os profissionais de EaD já começam a refletir sobre o incrível potencial que essa nova ferramenta pode trazer para a pesquisa, para a educação e, mais especificamente, para a EaD.

As instituições, os professores e os alunos virtuais serão cada vez mais desafiados a montar seus *mixes*, combinando as diversas soluções, tecnológicas e pedagógicas, disponíveis para o ensino e o aprendizado. Outro termo comum, hoje em dia, é '*blended learning*', que aponta justamente para essa idéia de que o aprendizado se dá por diversos canais, por meio de uma mistura. Uma publicação que já se tornou referência sobre o assunto é *The handbook of blended learning: global perspectives, local designs*.[2]

A educação a distância já não é mais uma miragem, uma aventura ou um risco, nem pode mais ser considerada vítima ou vilã da história da educação no Brasil, pois é uma realidade que vem crescendo de maneira espantosa, desafiando diversos padrões da educação tradicional e a própria EaD tradicional.

Também como vimos em capítulos anteriores, é absolutamente imprescindível que não apenas as instituições de ensino, como também alunos, professores e empresas, se adaptem rapidamente a essa nova realidade. Além disso, educação a distância não significa apenas aulas a distância, mas o uso da tecnologia da informação como suporte e complemento para aulas presenciais. A tendência é que as instituições de ensino que sobreviverão sejam simultaneamente *brick* e *click universities*, combinando as vantagens da educação presencial e da educação a distância. É provável, e até mesmo fato em algumas instituições, que o modelo de sucesso seja um *blended learning*, desenvolvido em função das necessidades dos alunos, criando e oferecendo oportunidades de aprendizagem sem fronteiras e sem limitações de tempo e espaço. Assim, acreditamos em soluções que misturem as possibilidades tecnológicas, as ferramentas da Web e as que estão surgindo a cada dia com projetos de cursos mais focados nas necessidades dos alunos, de acordo com a nova realidade social.

É preciso ainda pensar em aproximar a educação corporativa das instituições de ensino, e acabar com a 'concorrência' sem sentido, já que ambas deveriam estar preocupadas com a eficiência da aprendizagem dos alunos-funcionários. Trabalhar e aprender não podem mais ser atividades separadas.

Nesse sentido, acreditamos que o melhor a fazer é observar o que está acontecendo conosco e ao redor. O que os jovens estão procurando e querendo. Onde eles estão se encontrando e quanto tempo estão se dedicando a esses encontros. A geração ragnaroc que entrará no ensino superior em 2015 certamente vai precisar de muita motivação para entrar em uma sala de aula tradicional ou em um desses ambientes de EaD também tradicionais. Exercitando continuamente nosso senso de observação, nossa sensibilidade, nossa audição, nossa leitura, nosso coração e nossa inteligência seremos capazes, como docentes e como instituições de ensino, de gerar propostas de ensino-aprendizagem inovadoras e criativas para não afastar, ainda mais, os alunos do sentido da aprendizagem.

Aguçando os sentidos e a sensibilidade, despertando a atenção para o que acontece ao redor, exercitando a habilidade de observadores, teremos mais condições de criar situações e melhores oportunidades de aprendizagem para nossos alunos e filhos. Para não nos sentirmos repentinamente despreparados e desesperados, é preciso encarar a realidade e o presente de frente, sem medo nem preconceito; caso contrário, quando o futuro chegar, estaremos ainda vivendo no passado, sem preparo suficiente para lidar com os novos ambientes. Não é necessário ser vidente para perceber o que já ocorre nas universidades.

Este *ABC* foi gerado pensando na nossa realidade e antevendo o futuro. Para nós, se a EaD continuar fazendo questão de manter uma distância segura do futuro, não haverá futuro para a EaD. É suicídio (ou genocídio) não pensar no futuro quando se pensa e se faz educação. Seja a distância, seja presencial.

Notas

1   Disponível em: <http://www.microsoft.com/surface/>. Acesso em: 31 maio 2007.
2   BUNK, Curtis J.; GRAHAM, Charles R. *The handbook of blended learning:* global perspectives, local designs. San Francisco, CA: Pfeiffer, 2005.

Bibliografia selecionada e comentada

A seguir, selecionamos e comentamos brevemente alguns livros, periódicos e sites que sugerimos como leitura. Portanto, esta *não* é uma lista de todas as fontes citadas ao longo do livro, que estão indicadas nas notas ao fim de cada capítulo.

- ANUÁRIO Brasileiro Estatístico de Educação Aberta e a Distância. 3. ed. São Paulo: Instituto Monitor, 2007. Coord. de Fábio Sanchez.

  O Abraed é uma importante reunião de dados estatísticos sobre a EaD no Brasil. A publicação tem sido anual, então procure sempre a mais atualizada. A do ano anterior tem sido disponibilizada em pdf no site: <http://www.abraead.com.br/>.

- ASSOCIAÇÃO Brasileira de Educação a Distância (Abed). Disponível em: <http://www2.abed.org.br/>. Acesso em: 25 jul. 2007.

  Vários textos e links, agenda, catálogos de cursos e informações importantes sobre a EaD no Brasil.

- AZEVEDO, Wilson. *Fundamentos da educação on-line:* anotações de leitura. Olinda: Livro Rápido, v. 1, 2007.

  O incansável estudioso e professor de EaD Wilson Azevedo acaba de publicar o primeiro volume do que, esperamos, seja uma longa série, em que ele seleciona artigos e livros que considera essenciais para a teoria da EaD e faz uma resenha de cada um deles. Já há um segundo volume em preparação; fique atento.

- DREYFUS, Hubert L. *On the Internet*. London: Routledge, 2003. (Thinking in action.)

  Um livrinho-panfleto extremamente crítico em relação ao uso que temos feito da Internet. A leitura vale a pena para compensar o entusiasmo da EaD e das novas tecnologias.

- GEOFF, Anderson. *Learning contracts:* a practical guide. London: Routledge, 1996.

  Guia que apresenta o uso do contrato de aprendizagem no ensino.

- GRAY, David et al. *Learning through the workplace:* a practical guide to work-based learning. Cheltenham, UK: Nelson Thornes, 2004.

  Abordagem teórica e prática sobre o work-based learning que inclui estudos de caso.

- INTERNATIONAL Council for Open and Distance Education (ICDE). Disponível em: <http://www.icde.org/>. Acesso em: 25 jul. 2007.

  Indicação de livros, textos, links, cursos, legislação, agenda de eventos internacionais etc.

- LEI n. 9.610, de 19 de fevereiro de 1998. Lei de Direitos Autorais. Disponível em: <http://www.planalto.gov.br/CCIVIL/Leis/L9610.htm>. Acesso em: 31 maio 2007.

  É a nossa Lei de Direitos Autorais, portanto precisa pelo menos ser lida por quem trabalha com EaD.

- LÉVY, Pierre. *As tecnologias da inteligência:* o futuro do pensamento na era da informática. Trad. Carlos Irineu da Costa. Rio de Janeiro: Editora 34, 1993.

  Texto já um pouco datado, em função dos progressos das tecnologias que se propõe a discutir e mesmo do debate sobre o tema, mas que ainda sobrevive como uma leitura instigante das relações entre o pensamento e a informática. Pierre Lévy tem vários outros livros traduzidos para o português, como *O que é o virtual?* e *Cibercultura* .

- MAIA, *Carmem (coord.)*. *Ead.br:* educação a distância no Brasil na era da Internet. São Paulo: Anhembi Morumbi, 2000.

Relata a experiência de diversas instituições de ensino com a utilização da Internet em educação a distância.

• MAIA, Carmem; RONDELLI, Elizabeth; FURUNO, Fernanda (Orgs.). *A educação a distância e o professor virtual:* 50 temas em 50 dias on-line. São Paulo: Anhembi Morumbi, 2005.

Registro de debate entre diversos professores de EaD, realizado em um fórum no ambiente Blackboard.

• MOORE, Michael Grahame; ANDERSON, William G. (Eds.). *Handbook of distance education.* Mahwah, NJ: Lawrence Erlbaum, 2003.

Cinqüenta e cinco artigos que cobrem todos os aspectos da EaD. Deste livro, foram tiradas várias citações, incluídas ao longo desta obra, cujos artigos estão indicados nas respectivas notas ao fim de cada capítulo.

• PALLOFF, Rena M.; PRATT, Keith. *O aluno virtual*: um guia para trabalhar com estudantes on-line. Trad. Vinicius Figueira. Porto Alegre: Artmed, 2004.

Orientações para o professor que trabalha com alunos on-line. Dos mesmos autores, há outra tradução para o português dessa editora: *Construindo comunidades de aprendizagem no ciberespaço.*

• PETERS, Otto. *A educação a distância em transição*: tendências e desafios. Trad. Leila Ferreira de Souza Mendes. São Leopoldo, RS: Unisinos, 2004.

Livro essencial, que inclui várias palestras e um artigo publicado por um dos mais importantes teóricos mundiais da EaD.

• _____. *Didática do ensino a distância*: experiências e estágio da discussão numa visão internacional. Trad. Ilson Kayser. São Leopoldo, RS: Unisinos, 2001.

Esse é um daqueles livros que vale a pena ter em casa, uma vez que merece ser lido várias vezes, devido à densidade teórica e quantidade de exemplos e bibliografia analisados que apresenta. O original é de 1997, mas, mesmo com um tema que exige atualizações constantes, carrega alguns ensinamentos que não tendem a ficar datados.

- SECRETARIA de Educação a Distância (Seed) do MEC. Disponível em: <http://portal.mec.gov.br/seed/>. Acesso em: 25 jul. 2007.

    Site com diversas informações essenciais sobre a EaD no Brasil, como cursos reconhecidos pelo MEC, legislação etc.

- SILVA, Marco (Org.). *Educação on-line:* teorias, práticas, legislação, formação corporativa. São Paulo: Loyola, 2003.

    Cobre vários aspectos da EaD e está dividido em: fundamentos da aprendizagem on-line, ambientes virtuais de aprendizagem, legislação específica e formação corporativa. Marco Silva é co-autor, junto com Edmea Santos, pela mesma editora, do importante *Avaliação da aprendizagem em educação on-line*, 2006.

- SIMONSON, Michael et al. *Teaching and learning at a distance:* foundations of distance education. 3rd ed. Upper Saddle River, NJ: Pearson Education, 2005.

    Uma das referências para estudiosos de EaD.

- THE AMERICAN JOURNAL of Distance Education (AJDE). Disponível em: <http://www.ajde.com/>. Acesso em: 31 maio 2007.

    Uma das publicações mais respeitadas sobre EaD do mundo.

- THE JOURNAL of Distance Education. Disponível em: <http://www.lib.unb.ca/Texts/JDE/>. Acesso em: 31 maio 2007.

    Importante publicação canadense sobre EaD.

- VIANNEY, João; TORRES, Patrícia; SILVA, Elizabeth. *A universidade virtual no Brasil*: o ensino superior a distância no país. Tubarão: Unisul, 2003.

Esse livro registra um estudo sobre a educação a distância no Brasil, apresentado no Seminário Internacional sobre Universidades Virtuais, realizado em Quito, Equador, em fevereiro de 2003, organizado pelo Instituto Internacional da Unesco para a Educação Superior na América Latina e Caribe (Iesalc). Seu tema é a história da Educação a Distância no Brasil, com ênfase no nascimento da universidade virtual.

Índice remissivo

A

Aguiar, Afrânio Carvalho, 49
Allen, Mark, 48
Aluno universal, 83
Anderson, Terry, 52
Anuário Brasileiro Estatístico de Educação Aberta (Abraed), 28, 33, 49, 58, 60, 61, 72
Aprendiz virtual, 83-86, 89
Aprendizado
    aberto (*open learning*), 117
    de superfície, 84
    distribuído (*distributed learning*), 96, 117
    profundo, 84
Aprendizagem
    ambientes virtuais de, 32, 68, 72, 75, 91
    baseada em problemas (*problem based learning*), 55
    colaborativa, 17, 18
    comunidade de (*community of learning*), 53, 58, 70, 86, 87
    contrato de, 86, 118
    informal (*informal learning*), 117, 118
    por objetivos (*goal-based learning*), 55
    repositórios de objetos de, 77

Atividades
    assíncronas, 6, 9, 54, 56, 62, 86, 95
    síncronas, 6, 7, 54, 55, 62, 86, 95
Áudio, 3, 8, 15-17, 22, 24, 43, 51, 56, 74, 77, 78, 107, 117
Authier, Michel, 69
Autonomia do aluno, 3, 4, 8, 9, 15-17, 46, 51, 85-87
Aututor, 53
Azevedo, Wilson, 5, 17-19, 53, 92

B

Bayma, Fátima, 49
Bears guides, 61
Behaviorismo, 3, 4, 16, 47, 56
Bibliotecas, 2, 12, 89, 107, 114, 115
    digitais, 115
    virtuais, 50, 68, 77
Bielschowsky, Carlos Eduardo, 32
Blended learning, 96, 120
Blended quest, 56
Borgmann, Albert, 12-14
Brainstorm, 56, 57
Brick universities, 23, 45, 120

C

Caldas, Dario, 68
Caleffi, Paula, 62-65

Castilho, Kathia, 68

Cérebro global, 17

Chat, 6, 15, 25, 54, 55, 59, 75, 76, 78, 80, 87

Christensen, Clayton, 93, 94

Click universities, 23, 45, 120

Coletivos inteligentes, 17

Community of learning, 58

Computador, 3, 8, 12, 16, 18, 22, 24, 32, 53, 73, 79, 80, 84, 98, 99, 103, 108, 109

Comunidades virtuais, 18, 69, 72, 86, 96

Construtivismo, 3, 4, 47, 86

Copyright, 101, 103, 104, 110, 115

Correio, 8, 16, 21, 24, 25, 28, 58, 69-71

Creative Commons, 110

Cursos
    de formação profissional, 25
    in-company, 119
    on-line, 25, 55, 60, 61, 69, 75, 96, 106, 112, 113
    por correspondência, 21, 23, 24, 61, 86
    profissionalizantes, 24, 25
    seqüenciais, 31, 42, 61
    superiores, 31, 32, 42-44, 68, 69
    supletivos, 25, 27
    técnicos, 21, 25, 41, 42

D

Deficiência
    física, 9
    mental, 9
    visual, 97-100

Deleuze, Gilles, 69

Design instrucional, 9, 14, 51-53

Dewey, John, 3

Dillon, Connie, 84

Direitos autorais, 101-115

Distância transacional, 4, 14-17

Distributed learning, 96, 117

Domínio público, 101, 107, 110, 113, 115

Drawing programs, 74

Dreyfus, Hubert, 10-14

Dual mode, 96

E

Edison, Thomas, 10

Educação
    bancária, 4, 5, 10
    básica, 41, 43-45, 61, 72
    continuada, 28, 35, 50, 59
    corporativa, 33, 48, 49, 59, 61, 72, 120
    de jovens e adultos (EJA), 33, 34, 41
    de massa, 47, 95
    dialógica, 4
    humanista, 4, 16
    presencial, 8, 10, 13-14, 92, 93, 95, 120

Edutainment, 56

E-learning, 7, 8, 25, 35, 48, 50, 70, 71, 75

E-mail, 8, 25, 26, 28, 32, 67, 68, 72, 75, 78, 79, 87, 92, 99, 115

Ensino
    fundamental, 27, 28, 33, 35, 36, 41, 97

industrializado, 46

médio, 27, 28, 33, 35, 41, 44, 70, 88

por correspondência, 21, 24-26, 32, 36, 61

pós-moderno, 46, 47

presencial, 6, 7, 9, 13, 14, 69, 70, 88, 90, 93, 95, 99

tradicional, 6, 9

Escolanovismo, 3

Especialização, 26, 31, 32, 49, 63

F

Fair use, 101, 105, 110

Fax, 26-28, 72

Filatro, Andréa, 51, 52

Fordismo, 46, 47

Fóruns, 15, 54, 55, 59, 64, 68, 70, 75, 78, 87, 112

Freire, Paulo, 4, 5, 9, 10, 85

Fröebel, Friedrich, 2

G

Garrido, Susane, 62-65

Gestalt, 3

Goal-based learning, 55

Graduação, 23, 29, 31, 33-37, 42, 49, 59, 61-65, 68, 71, 72, 85

Greene, Bárbara, 84

Guattari, Félix, 69

Guided didactic conversation, 8

H

Herbart, Johann, 2

Heutagogia, 85

Hipertexto, 13, 22, 53

Holmberg, Börje, 8

Home

schooling, 41

study, 41

education, 41

I

Idealismo, 2

Independência do aluno, 8, 9, 85-87

Informal learning, 117, 118

Instituto Monitor, 25, 32, 53, 61

Instituto Universal Brasileiro (IUB), 24, 25, 32

Instituto Universidade Virtual Brasileira (UVB), 7, 36, 45, 46, 56, 71, 96

Inteligência

coletiva, 17, 69, 79, 92

conectiva, 17

Interação vicária, 87

Interatividade, 26, 29, 68-71, 80, 117, 118

Internet, 8, 10, 11, 13, 15, 17, 18, 22, 23, 25-29, 32, 37, 43, 46, 53, 56-58, 61, 67, 68, 70, 72, 73, 77-81, 83, 86-89, 93, 94, 96, 98-101, 103-115, 119

J

Jigsaw, 57

Just-in-time learning, 117

K

Keegan, Desmond, 8, 9

L

Lave, Jean, 69
Learning by design, 80
Learning Management Systems, 68, 70, 75-78
Legislação, 28, 30, 31, 37, 68, 70, 71, 94, 99, 101, 103-105, 107, 109-112, 114, 115
Lei de Diretrizes e Bases da Educação Nacional (LDB), 28, 32, 44
Levenson, William, 10
Lévy, Pierre, 69, 92
Litto, Fredric, 68

M

Mandic, Alexander, 67
Material impresso, 8, 16, 24, 25, 27, 43, 53, 70, 72
MEC, 7, 29, 31-33, 35, 36, 63, 64, 69, 99
Metacognição, 84
Metatags, 106
Mídias, 8, 14, 15, 22, 23, 27, 28, 32, 43, 70, 72
    de armazenamento, 32
    de comunicação, 106
    eletrônicas, 8, 94
    impressas, 94, 106
    novas, 8, 22, 61, 69, 71, 117
        interativas, 29, 67, 68, 69, 71, 83
Mobile learning, 119
Montessori, 3
Moore, Michael, 4, 14, 16
Morize, Henrique, 24
Mota, Ronaldo, 32, 44, 45

Multimídia, 22, 24, 42, 43, 53, 56, 69, 72, 74, 75, 90, 92, 95, 111

N

Neofordismo, 46, 47
Networked learning, 8
Nixon, Thomas, 41

O

Oblinger, Diana, 50
On-line learning, 8
Open learning, 117

P

Painting programs, 73
Palloff, Rena, 18, 59, 60, 84
Patente, 76, 102, 103, 107
Pedagogia, 3, 4, 35, 72, 81, 119
Pervasive learning, 117
Pestalozzi, Johann, 2, 3
Peters, Otto, 18, 46, 47, 52, 53, 61, 62
Piaget, Jean, 3
Pirataria, 109, 110, 113, 115
Plágio, 104, 113
Plano de Desenvolvimento Institucional (PDI), 30, 35
Pós-fordismo, 46, 47
Pós-graduação, 23, 31, 33, 35, 42, 45, 49, 59, 61, 63, 68, 72, 85
    lato sensu, 31, 34, 35
    stricto sensu, 31
Positivismo, 2
Pragmatismo, 3
Pratt, Keith, 18, 59, 60, 84

Problem based learning, 55
Professor-autor, 70
Professor-tutor, 64, 70
Propriedade intelectual, 80, 101-103, 106, 109, 111, 115

Q
Quebra-gelo, 56, 57

R
Rádio, 8, 10, 15, 22-27, 32, 43, 61, 69
Raymond, Eric, 105
Redes
    de colaboração, 29, 71
    inteligentes, 17
Rheingold, Howard, 69
Roquette-Pinto, Edgard, 24, 27
Round robin, 57
Rousseau, Jean- Jacques, 2
Rush, Sean, 50
Russell, Thomas, 13, 14

S
Sant'Anna, Laercio, 97-100
Scavenger hunt, 57
Simonson, Michael, 47, 101
Single mode, 96
Skinner, 3, 10, 56
Socialismo, 2, 3
Software, 31, 49, 50, 54, 55, 73-75, 78-80, 89, 98, 103, 104, 106, 109-111
Starter-wrapper, 57

T
Tecnologia, 4, 6-8, 14, 17, 32, 35, 52, 53, 67-69, 71,72, 76, 81, 85, 94, 102, 103, 119
    da inteligência, 69-72
    de comunicação, 8
    de informação, 98, 120
    de multimídia, 22, 24
    de telecomunicações, 8
    disruptiva, 93, 94
    educacional, 91
    interativa, 8, 9, 67
Tecnostress, 13
Telecomunicações, 8, 26, 31
Teleconferências, 15, 16, 26, 32, 47
Telecurso, 27, 32,36, 69
Teleducação, 5, 25, 27, 37
Telefone, 8, 22, 26-28, 72
Telessalas, 27, 37
Televisão, 8, 15, 22-24-27, 43, 61, 106, 111, 119
Tempo
    curricular, 7
    presencial, 7, 92
    real, 6, 7
    virtual, 6, 7, 92
Turma, 5, 55, 58-61, 63-64, 75, 91, 93, 98
Tutor, 1, 5, 17, 37, 43, 45, 47, 53, 55, 56, 64, 70, 87, 90-92, 95, 97

U
Ubiquitous learning, 117
Universidade Aberta do Brasil (UAB), 7, 23, 32, 36, 43, 44

Universidades
    abertas, 7, 22, 23, 36, 42-45, 61
    corporativas, 7, 23, 48, 49, 61, 118
    particulares, 32
    públicas, 31, 32, 35, 37
    virtuais, 7, 12, 23, 37, 45, 98

V

Vianney, João, 36, 37, 68
Vídeo, 8, 11, 15-17, 22, 24, 47, 56, 66, 73, 74, 77, 117
Videotexto, 22, 24, 67, 71

Virtual learning, 8
Vygotsky, Lev, 3

W

Web quest, 56
Web-based education, 67
Web-based learning, 8, 67
Webcast, 77
Wedemeyer, Charles, 85
Wenger, Etienne, 69
Work-based learning, 86, 118, 119

Sobre os autores

Carmem Maia, jornalista, doutora em Comunicação e Semiótica, com pós-doutorado pelo Instituto de Educação da Universidade de Londres, foi diretora de ensino interativo da Universidade Anhembi Morumbi de 1990 a 2002 e é autora de diversos livros relacionados a EaD, como: *Guia brasileiro de educação a distância*; *EaD.br: educação a distância no Brasil na era da Internet*; *EaD.br: experiências inovadoras em educação a distância no Brasil: reflexões atuais em tempo real;* e *A educação a distância e o professor virtual: 50 temas em 50 dias on-line*. Como avaliadora da Secretaria de Educação Superior (Sesu) do MEC, durante 2002 e 2005, pôde participar e conhecer diversos projetos de ensino superior na modalidade de educação a distância e fazer parte de algumas comissões assessoras do MEC para o desenvolvimento da EaD. De 2005 para cá, Carmem tem dado continuidade a seu pós-doutorado no London Knowledge Lab, pesquisando áreas relacionadas à criatividade e inovação no ensino superior, principalmente no que diz respeito a novas metodologias de ensino-aprendizagem, como *work-based learning*, *informal learning*, *ubiquitous learning* e *mobile learning*. Carmem acredita que, assim como tudo na vida, a base da aprendizagem está no interesse dos atores em interagir, em aprender um com o outro, em colaborar. Desde 2004 vem desenvolvendo projetos nas áreas de Inteligência Coletiva, Projetos Colaborativos (como este livro) e de tecnologias e ferramentas que aproximam as pessoas, onde quer que elas estejam. No decorrer do livro, será chamada de 'autora'.

João Mattar é doutor em Literatura pela USP e pós-doutor pela Stanford University. Desde 1996, ensinava seus alunos universitários a utilizar a Internet na pesquisa acadêmica e procurava educá-los para o futuro marcado pela educação a distância. Na década de 1990, foi aluno a distância da Universidade de Berkeley e semipresencial da Universidade de Stanford, ambas na Califórnia. Ainda no final da década de 1990, publicou seu *Metodologia científica na era da informática*, em que discutia amplamente EaD. Muitas pessoas já lhe disseram que por meio desse livro foram fisgadas pela educação a distância. É também autor de diversos artigos e livros, como *Filosofia e Ética na Administração*. Foi diretor de pós-graduação e pesquisa do Centro Universitário Unibero. Mais recentemente, foi autor e tutor do Instituto Universidade Virtual Brasileira (UVB) e tutor da Universidade Anhembi Morumbi, da qual hoje é professor, e tem produzido muito material didático e aulas on-line para diversas instituições de ensino superior no Brasil, apresentado trabalhos em congressos da área e publicado sobre o tema, além de continuar suas experiências criativas e inovadoras com EaD como professor. Ao longo da obra, será chamado de 'autor'.

Além disso, os autores deste livro já vêm 'flertando' intelectualmente (quase sempre a distância) sobre EaD há vários anos. Em seu *Metodologia científica na era da informática*, João Mattar citava e se referia ao trabalho pioneiro de Carmem Maia em EaD. Os dois participaram ativamente do livro *A educação a distância e o professor virtual: 50 temas em 50 dias on-line*, publicado em 2005. Em 2006, apresentaram em conjunto um trabalho no Congresso do International Council of Distance Education (ICDE), realizado no Rio de Janeiro, sobre o potencial para a EaD de um sistema desenvolvido na Universidade Anhembi Morumbi. Em 2007, no Congresso da Associação Brasileira de Educação a Distância (Abed), apresentaram (também juntos) um artigo que discute uma nova figura em EaD, a do 'aututor', que mapeia os recursos tecnológicos disponíveis para a construção da caixa de ferramentas para EaD e que apresenta o potencial do Second Life para uso em educação a distância.

Os autores têm ainda interagido intensamente com autores e tutores de EaD, e mesmo com alunos, praticando o papel de orientadores informais. Desse exercício, naturalmente, surgiu a idéia de um livro que servisse de iniciação para colegas que, quase sempre, mostram-se extremamente carentes de organização das informações básicas sobre o campo. Carmem e João acreditam que, no coletivo, todos podemos fazer melhor e nos aprimorar.